DIESES BUCH GEHÖRT

....

JoDID — Logbuch Politische Bildung der John-Dewey-Forschungsstelle für die Didaktik der Demokratie

IMPRESSUM

Herausgeberin: JoDDiD
Autorinnen: Anja Besand, Nele Mai, Elisa Moser
Konzept und Idee: Iris Möckel, Anja Besand
Gestaltung und Illustration: Leitwerk. Büro für Kommunikation
Lektorat: Ann-Christin Belling, Iris Mockel
Dank an: Tina Hölzel, David Jugel, Rico Lewerenz, Ann-Christin Belling, Kathleen Markwardt

Druck und Verarbeitung: CPI books GmbH, Leck

ISBN 978-3-86780-716-6

FÖRDER:INNEN

 John Dewey Forschungsstelle für die Didaktik der Demokratie

 TECHNISCHE UNIVERSITÄT DRESDEN

 SACHSEN DIE JODDID WIRD FINANZIERT DURCH MITTEL AUF GRUNDLAGE DES VOM SÄCHSISCHEN LANDTAG BESCHLOSSENEN HAUSHALTS.

STAATSMINISTERIUM DER JUSTIZ UND FÜR DEMOKRATIE EUROPA UND GLEICHSTELLUNG |  Freistaat SACHSEN

WIE KANNST DU DIESES BUCH BENUTZEN?

Bildungsmaterialien sind oft zum Weitergeben da.
Dieses Logbuch **NICHT**.
Es ist ein Buch für dich! <u>Nur für dich.</u>

Es soll dir Anregungen und Impulse geben, um deine Arbeit zu reflektieren, neue Ideen zu bekommen, Gewohntes anders zu betrachten oder Stress abzubauen.

Nutze es als Journal zum Selbstvollschreiben, Kritzeln oder Ausmalen.

Versuch nicht, etwas oder gar alles richtig zu machen. Denn darum geht es nicht.

<u>Gib nicht auf,</u>
auch wenn du nicht für jedes Experiment gleich den geeigneten Partner oder die geeignete Partnerin findest.

➡ Finde ungewöhnliche Lösungen.

⇨ Denke ohne Geländer.

➡ Sei wild und gefährlich.

Logbuch Politische Bildung der John-Dewey-Forschungsstelle für die Didaktik der Demokratie

INHALTSVERZEICHNIS

Erinnerungen an das eigene politische Werden 6

Wann ist Politische Bildung gut? 8

Wann ist Politische Bildung schlecht? 10

Didaktische Prinzipien – Gütekriterien für Politische Bildung 12

Der Beutelsbacher Konsens 14

Was ist Demokratie für dich? 16

Mein Selbstbild 18

Zugänge finden 20

It's a Match! 22

Karten für die Politische Bildung 24

Team Challenge oder Bingo Reverse 26

What the F*** ist Mündigkeit? 28

Welche Bürger:innen wollen wir? 30

Wer kann was? 32

Denkhüte 34

Auf die Mittagspause, fertig, los! 36

Politik ist für mich.............................. 38

Meine Gedanken zu............................. 40

Infusionen zur Politischen Bildung 42

Muss das so? 44

Weg damit! 46

10 Mutproben in der Politischen Bildung 48

Einfach gut gemacht! 50

Stimmig 52

Voll (un)fair 54

Welche Werte wichtig sind 56

Unverzichtbar! 58

Was habe ich letzte Woche für die Demokratie getan? 60

Was kann weg? 62

Ideenpool 64

Martin Buber sagt 69

Hinweise zur Neuordnung der Welt .. 70

Ideen Lotterie 72

Bauanleitung für Abstimmungssäulen 74

Let's Play! 76

Veranstaltungstracker 78

Mission Alltagsverschönerung oder auch Kunst im Büro 80

Wo endet der Dialog? 82

John Dewey sagt 84

Das Flötenspiel.................................... 86

Gespräche unter Kolleg:innen 88

Raum Ernst Nehmerin 90

JoDDiD Abendschule 92	Frieden – Wie geht das? 130
Feedback Review 93	Begriffe, die nochmal erklärt werden sollten 132
Im Gegenteil! 94	Methoden Make-Over 134
Lob-Sammlerin 96	Psssssst. 136
Briefe an Menschen, die mich zur Politischen Bildung geführt haben 98	JoDDiD Podcast »Brille auf wir müssen reden!« 138
Störfaktor 100	Top 10 139
Anleitung zum Umgang mit demokratiefeindlichen Aussagen 102	Politische Bildung ein Leben lang 140
Was ist eigentlich nicht kontrovers? ... 104	Knifflig! 142
Phrasen-Bingo 106	Was ich das nächste Mal vergessen möchte 144
Äh, was soll ich denn damit? 108	Mach was! 146
Langzeit-Beobachtung 110	Merci, dass es dich gibt 148
Politische Walks 112	Im Hamsterrad 150
Was jetzt? 114	Briefe an die Fördermittelgeber:innen 152
John Dewey sagt 116	Gute Vorsätze 154
Wo stehe ich? 118	Feedback zum Logbuch 156
Aha! 120	John-Dewey-Forschungsstelle für die Didaktik der Demokratie 158
Drei Wünsche frei 122	Anja Besand sagt 159
10 Dinge, die einen Raum anregender machen 124	Joseph Beuys sagt 160
Gruselig! 126	
@sxw.art sagt 128	
Ich nehme mir die Zeit 129	

Logbuch Politische Bildung der John-Dewey-Forschungsstelle für die Didaktik der Demokratie

ERINNERUNGEN AN DAS EIGENE POLITISCH WERDEN

Wenn du zurückdenkst – wann hast du angefangen, die ersten politischen Fragen zu stellen oder die ersten politischen Gedanken zu denken?
Worum ging es da? Wie alt warst du? Wer oder was hat das ausgelöst?

FRAG
DICH
MAL

PRO
BIER'S
AUS

Zeichne einen Gegenstand, mit dessen Hilfe du dich an deine eigene Politische Bildung erinnern kannst. Welchen Gegenstand würdest du wählen und warum?

Hinweis: Diese Gegenstände werden üblicherweise auf eine solche Frage hin präsentiert: Zeitungen (, weil wir immer Zeitung lesen sollten), Informationen zur Politischen Bildung (, weil die von der Lehrkraft oft benutzt wurden), eine Tasse Kaffee (, weil es immer recht informell zuging), ein Handy (, weil es so langweilig war, dass ich immer unter dem Tisch Spiele gespielt und Nachrichten gecheckt habe), ein Stuhl (, weil wir einmal den Lehrer aus dem Klassenraum ausgesperrt haben), Darstellungen aus einem Planspiel (, weil das so toll war), ...

 Logbuch Politische Bildung der John-Dewey-Forschungsstelle für die Didaktik der Demokratie

WANN IST POLITISCHE BILDUNG GUT?

Wir haben da mal überlegt, wann Politische Bildung gut ist.
Vielleicht willst du was ergänzen...

... wenn sie die Menschen und ihre Erfahrungen ernst nimmt.

... wenn sie nicht bevormundend ist.

... wenn sie Demokratie erlebbar macht.

... wenn sie erlebnisorientiert ist.

... wenn sie hilft zu erkennen, dass <u>alles</u> politisch ist.

... wenn sie Haltung zeigt.

... wenn sie in der Lage ist, über ihre Strategien Rechenschaft abzulegen.

... wenn sie nicht nur simulativ ist und nicht nur so tut als ob.

| | FRAG DICH MAL |
| | AUS TAU SCH |

... wenn sie aktivierend, motivierend und empowernd ist.

... wenn sie ehrlich ist.

... wenn sie ausschluss- und machtsensibel ist.

... wenn sie Prozesse begleitet.

... wenn sie respektvoll und menschenrechtsorientiert ist.

... wenn sie anregend ist und hilft, eigene Meinungen zu entwickeln.

 Wir haben zu dieser Frage auch eine schöne Videolecture angefertigt (32 Min.):
↗ https://www.youtube.com/watch?v=4jpkS1ANgiM&t=220s

WANN IST POLITISCHE BILDUNG SCHLECHT?

In der Politischen Bildung kann man Einiges falsch machen.

Wir haben hier ein paar typische Fallen zusammengestellt. Fallen dir andere ein? In welche bist du schon hereingetappt?

MEINUNGS-FALLE
Alle im Bildungsprozess geäußerten Meinungen und Einstellungen werden als gleich gültig anerkannt. Das kann zu einem kriterienlosen Relativismus führen, der Menschen mit ihren Orientierungsbedürfnissen alleine lässt.

RATIONALITÄTS-FALLE
In der Politischen Bildung geht es um die Vermittlung politischer Urteilskraft. Soviel ist klar. Aber was ist das? Wenn man sich umschaut, scheint das sehr viel mit einem rationalen (= kognitiven) Urteil zu tun zu haben. Aber Emotionen gehören auch zur Politik. Wer das übersieht, macht einen schweren Fehler.

PARALLELISIERUNGS-FALLE
Um komplexe politische Zusammenhänge anschaulich zu machen, werden oft Vergleiche gezogen – der Staat ist wie eine große Familie, der Klassenrat unser Parlament. Die Grenzen dieser Analogien werden dabei häufig nicht aufgedeckt.

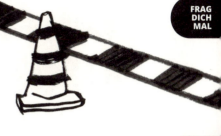

FRAG DICH MAL

INDIFFERENZ-FALLE

Auf Rassismus und Menschenfeindlichkeit zu reagieren ist nicht leicht. Nicht immer fällt uns gleich eine gute Reaktion ein. Aber nichts ist schlimmer in der Politischen Bildung als Indifferenz. Diese Falle sollten wir unbedingt vermeiden.

WERK ZEUG KISTE

LEGITIMATIONS-FALLE

Insbesondere in Zeiten, in denen die liberale Demokratie unter Druck steht, gerät die Politische Bildung oft schnell in die Defensive und versteigt sich in der Legitimation bestehender Strukturen und Verfahren. Legitimation ist aber nicht die Aufgabe Politischer Bildung.

MORALISIERUNGS-FALLE

Durch vorschnelle Unterscheidung von GUT und BÖSE werden bestimmte Deutungen als erwünscht, objektiv und wahr gekennzeichnet und damit gegen Kritik und skeptische Fragen immunisiert.

CONTAINER-FALLE

Politische Bildung muss global denken! Aber tut sie das wirklich ...? Merkwürdigerweise denken wir Angebote zur politischen Bildung oft im nationalen Container. Das muss aufhören, denn Politik funktioniert heute nicht mehr in kleinen Kästchen. Auch globale und postkoloniale Ideen müssen deshalb mit aufgenommen werden.

KONTEXT-FALLE

Die politischen, ökonomischen und sozialen Entscheidungsfragen verschwinden hinter einer Flut von Einzelinformationen.

Noch mehr Fallen findest du in unserem Fallenquartett unter:
↗ https://tud.link/55x8

Logbuch Politische Bildung der John-Dewey-Forschungsstelle für die Didaktik der Demokratie

DIDAKTISCHE PRINZIPIEN
GÜTEKRITERIEN FÜR POLITISCHE BILDUNG

Schau dir dein letztes Bildungsangebot noch einmal genau an: Welche didaktischen Prinzipien hast du darin berücksichtigt?

Wie müsstest du dein Bildungsangebot verändern, um andere didaktische Prinzipien zu nutzen?

SUBJEKT-ORIENTIERUNG
Bildungsgegenstände sollen so ausgewählt und strukturiert werden, dass sie von den Interessen der Subjekte ausgehen.

HANDLUNGS-ORIENTIERUNG
Bildungsgegenstände sollen so ausgewählt und strukturiert werden, dass in der Bildungssituation vielfältige Möglichkeiten zum aktiv-handelnden Umgang mit ihnen möglich sind.

EXEMPLARISCHES LERNEN
Aus der Fülle möglicher Bildungsgegenstände sind diejenigen Fälle besonders wertvoll, an denen sich verallgemeinerbare Erkenntnisse entwickeln lassen.

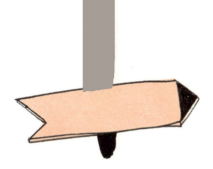

WERKZEUGKISTE

KONTROVERSITÄT
Bildungsgegenstände sollen so ausgewählt und strukturiert werden, dass sie relevante Kontroversen sichtbar machen.

ZUKUNFTS-ORIENTIERUNG
Bildungsgegenstände sollen so ausgewählt und strukturiert werden, dass sie sichtbar machen, dass Politik immer auch auf die Gestaltung von Zukunft gerichtet ist.

PROBLEM-ORIENTIERUNG
Bildungsgegenstände sollen so ausgewählt und strukturiert werden, dass der Problemgehalt des Politischen sichtbar wird.

➡ Schau auf S. 34. Die Denkhüte-Methode wird oft zum Sichtbarmachen von Kontroversität genutzt.

WISSENSCHAFTS-ORIENTIERUNG
Bildungsgegenstände sollen so ausgewählt und strukturiert werden, dass das in der Politischen Bildung angebotene Wissen und der methodische Umgang damit vor dem Hintergrund der Sozialwissenschaften verantwortbar ist.

Zum Weiterlesen:
Wolfgang Sander: Politik entdecken – Freiheit leben: Didaktische Grundlagen Politischer Bildung, S. 190ff.

Logbuch Politische Bildung der John-Dewey-Forschungsstelle für die Didaktik der Demokratie

DER BEUTELSBACHER KONSENS

 Der Beutelsbacher Konsens wird durchaus auch kritisch verhandelt. Wenn dich das interessiert, dann schau doch mal hier: Interview mit Benedikt Widmaier zur Bedeutung von Kontroversität in der Politischen Bildung. Video (14 Min.), Mediathek der Bundeszentrale für Politische Bildung
↗ https://t1p.de/7o79y (Kurzlink)

BEUTELSBACHER KONSENS

1. Überwältigungsverbot

Es ist nicht erlaubt, die Adressat:innen politischer Bildung – mit welchen Mitteln auch immer - im Sinne erwünschter Meinungen zu überrumpeln und damit an der »Gewinnung eines selbständigen Urteils« zu hindern . Hier genau verläuft nämlich die Grenze zwischen Politischer Bildung und Indoktrination.

2. Kontroversitätsgebot

Was in Wissenschaft und Politik kontrovers ist, muss auch im Unterricht kontrovers erscheinen. Diese Forderung ist mit der vorgenannten aufs engste verknüpft, denn wenn unterschiedliche Standpunkte unter den Tisch fallen, Optionen unterschlagen werden, Alternativen unerörtert bleiben, ist der Weg zur Indoktrination beschritten.

3. Adressat:innenorientierung

Die Adressat:innen müssen in die Lage versetzt werden, eine politische Situation und ihre eigene Interessenlage zu analysieren, sowie nach Mitteln und Wegen zu suchen, die vorgefundene politische Lage im Sinne ihrer Interessen zu beeinflussen. Eine solche Zielsetzung schließt in sehr starkem Maße die Betonung operationaler Fähigkeiten ein, was eine logische Konsequenz aus den beiden vorgenannten Prinzipien ist. [...]

WERKZEUGKISTE

Quelle: Das Original des Beutelsbacher Konsenses hat Wehling aufgeschrieben – siehe: Hans-Georg Wehling (1977): Konsens à la Beutelsbach? Nachlese zu einem Expertengespräch. In: Siegfried Schiele / Herbert Schneider (Hrsg.): Das Konsensproblem in der politischen Bildung. Stuttgart, S. 173 –184.

WAS IST DEMOKRATIE FÜR DICH?

Dieses Instrument kann verwendet werden, um eine Gruppe besser kennenzulernen.

Wenn Menschen z.B. sagen: »Demokratie ist für mich, keine Maske tragen zu müssen oder auf der Autobahn so schnell fahren zu können, wie ich will«, dann überbetonen sie den Freiheitsbegriff. Sie sollten Anregungen erhalten, die sichtbar machen, dass Demokratie nicht das Gegenteil von Regelhaftigkeit ist, sondern nur ein bestimmter Weg, um zu allgemeinverbindlichen Regeln zu kommen.

Positioniere dich doch mal selbst.

ERKLÄRUNGEN: Was heißt Eingangsdiagnostik eigentlich? Warum kann sie sinnvoll sein? Z.B. »Eingangsdiagnostik kann im Rahmen eines Bildungsangebotes dazu genutzt werden, die Teilnehmer:innen des Angebots kennenzulernen. Je nachdem, welche Einstellungen dabei sichtbar werden, sollten Bildungsangebote anders ausfallen.« (vgl. Autorengruppe Fachdidaktik (2017): Was ist gute politische Bildung, Schwalbach.)

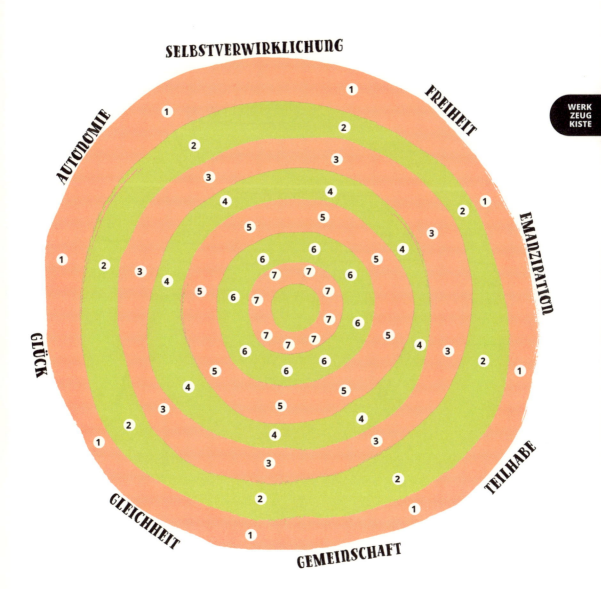

Logbuch Politische Bildung der John-Dewey-Forschungsstelle für die Didaktik der Demokratie

MEIN SELBSTBILD

Eines deiner Bildungsangebote schaut in den Spiegel und befragt sich selbst.
Beantworte die Fragen im Namen dieses Bildungsangebotes.

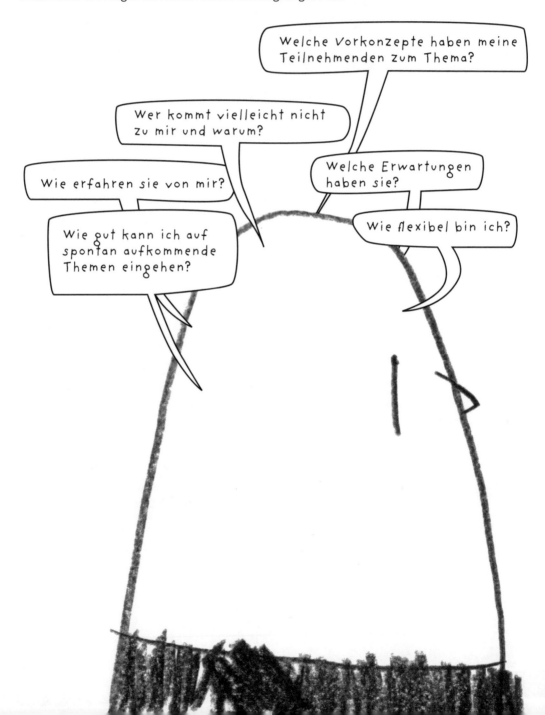

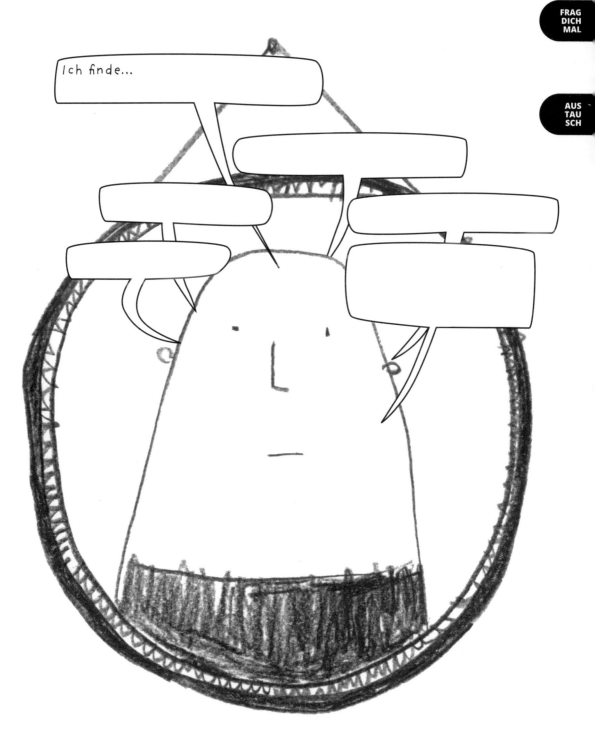

FRAG DICH MAL

AUS TAU SCH

Logbuch Politische Bildung der John-Dewey-Forschungsstelle für die Didaktik der Demokratie

ZUGÄNGE FINDEN

Überleg doch mal mit Blick auf die Menschen, mit denen du häufig arbeitest:

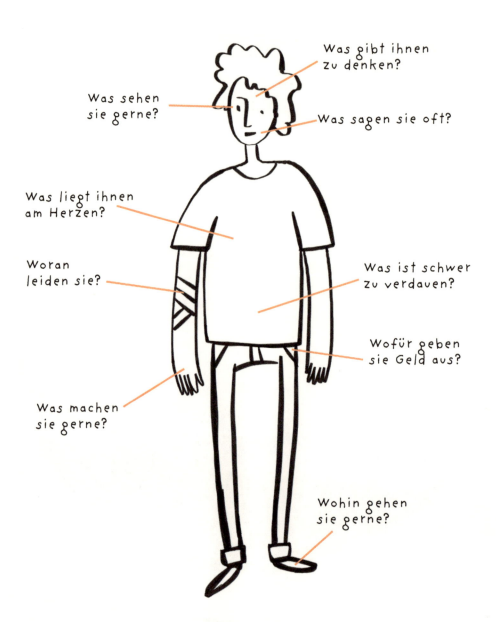

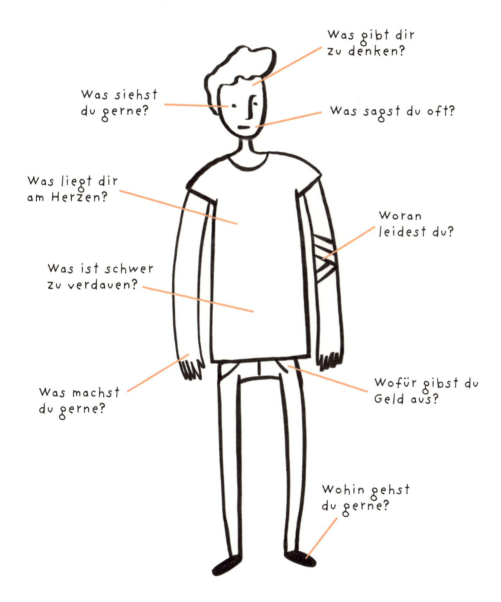

1 Denke über Teilnehmer:innen deiner Bildungsangebote nach. Überlege dir auch, wer in deinen Veranstaltungen bislang noch fehlt.

Wen erreichst du schon? 💕

Wen würdest du gerne einmal erreichen?

Wen möchtest du auf keinen Fall erreichen?

2 Führe ein Gespräch mit einer Person, die bisher in deinen Bildungsangeboten gefehlt hat.

KARTEN FÜR DIE POLITISCHE BILDUNG

24

STOP!

DAS NERVT MICH

....

HILFE!

ICH LIEB'S

Ich brauche eine Pause

....

Diese Seite kannst du kopieren oder abfotografieren und dann ausschneiden.

Du kannst die Karten in deinen Bildungsveranstaltungen oder in ganz anderen Situationen nutzen, z. B. in einer Videokonferenz.

GEILER SCHEISS!

NICHT NEUTRAL

Ich stimme zu

VETO

I TOTALLY DISAGREE

COOL

TEAM-CHALLENGE ODER BINGO REVERSE

Überlege dir mit einem:einer Teamkolleg:in völlig verrückte/absurde Begriffe, die ihr so in eurem Arbeitskontext nicht benutzt.

Bringe diese Begriffe in deiner nächsten Teamsitzung unter und zwar ohne, dass die anderen irritierte Fragen stellen.

Solche Begriffe könnten sein:
Bundestagsabgeordnetenbüro, Haltung, Schaltkasten, Technikfolgenabschätzung, Gleisbett, Streit, Neutralität, Hühnerfeder, Dynamo, Exemplarität, Plastikgabel, Gesetz über die Wahl des Bundespräsidenten, Frieden, Urteil, Handwärmer, Klobrille, Schnurrhaar usw.

WHAT THE F*** IST MÜNDIGKEIT?

In der Politischen Bildung geht es um Mündigkeit.
Aber was um Himmels Willen ist das eigentlich?

Sammle Begriffe oder Beschreibungen, an denen man messen oder erkennen kann, dass ein Mensch mündig ist.

> Mündig wird man von alleine in einem bestimmten Alter.

> Bei Mündigkeit geht es um kritisches Denken.

> Um politisch mündig zu sein, muss man schon eine Menge über Politik wissen.

> Bei Mündigkeit geht es um Einsicht und die Fähigkeit zur Perspektivübernahme.

> Bei Mündigkeit geht es um Autonomie und Selbstbestimmung.

> Mündig sind vor allem die Menschen, die nicht alles glauben, was man ihnen sagt!

> Bildungsteilnehmer:innen sind immer schon mündig.

> Bildungsteilnehmer:innen werden durch Politische Bildung mündiger.

> Jemand, der nicht an Wahlen teilnimmt, nimmt sich selbst die Mündigkeit.

> Jemand, der nicht an Wahlen teilnimmt, kann auch mündig sein.

 Wir haben zu dieser Frage auch eine schöne Videolecture angefertigt:
↗ https://tud.link/oeh2

WELCHE BÜRGER:INNEN WOLLEN WIR?

BÜRGER:INNEN ALS WÄHLER:INNEN

Worum geht es uns in der Politischen Bildung? Geht es uns beispielsweise hauptsächlich darum, Menschen zu motivieren, an Wahlen teilzunehmen, dann haben wir die Bürger:innen im Kern als Wähler:innen im Blick. Aber reicht das?

MÜNDIGE BÜRGER:INNEN

Mündig sein heißt, für sich selbst sprechen zu können. Mündigkeit ist spätestens seit den 1970er Jahren (in Westdeutschland) die Leitvokabel der Politischen Bildung. Aber was ist damit tatsächlich gemeint? Hinter der Konsensformel Mündigkeit verbergen sich nicht selten ziemlich unterschiedliche Vorstellungen. Welche sind das?

GEMEINWOHL-INTERESSIERTE BÜRGER:INNEN

Die Gemeinwohlorientierte Bürger:innen setzen sich für andere ein. Das ist wichtig, denn der Staat kann nicht alles machen. Deshalb werden diese Bürger:innen auch immer wieder angesprochen, wenn ordnungspolitisches Handeln zu langsam erscheint. Sie werden es schon richten.

BRAVE RUHIGE BÜRGER:INNEN

Brave ruhige Bürger:innen, das klingt nach Gartenzwergen. Aber wenn wir ehrlich sind, funktioniert keine Demokratie, wenn sich ständig alle aufregen und mit Megaphonen bewaffnet auf die Straße gehen. Vielleicht wollen wir doch ein paar von diesen braven Ruhigen...?

Politische Bildung ist für alle Menschen. Sie erschöpft sich nicht in der Vermittlung sozialwissenschaftlichen Wissens, sondern ihr Ziel ist es vielmehr, Bürger:innen dabei zu unterstützen, ihre Interessen in der Demokratie zu vertreten.

Die Frage ist, von welchen Bürger:innenbildern gehen wir aus oder auf welche arbeiten wir hin?

FRAG DICH MAL

PROBIER'S AUS

WERKZEUGKISTE

STAATS-BÜRGER:INNEN

Zuweilen lohnt sich ein genauer Blick. Von wem ist eigentlich die Rede, wenn wir von Bürger:innen sprechen? Geht es um Staatsbürger:innen, oder um alle?

WUT-BÜRGER:INNEN

Der Begriff »Wutbürger:in« ist in der Folge des Protestgeschehens rund um den Stuttgarter Hauptbahnhof entstanden. Später wurde der Begriff auch auf die Pegida-Bewegung angewandt. Ob das tatsächlich das Gleiche ist, ist ziemlich strittig. In jedem Fall sind wütende Bürger:innen für die Politische Bildung eine Herausforderung.

AKTIVE BÜRGER:INNEN

Auf welches Ziel soll Politische Bildung gerichtet sein, welche Bürger:innen wollen wir fördern? Warum sollten wir unsere Ziele nicht hoch stecken und selbstbewusst formulieren? Wir wollen zukünftige Aktivbürger:innen bilden. Menschen, die sich einmischen und auch bereit sind, Verantwortung zu übernehmen.

EGOISTISCHE BÜRGER:INNEN

Was sollen die zukünftigen Bürger:innen lernen? Gemeinsinn steht da ganz hoch im Kurs. Offenbar werden die Menschen nicht gemeinsinnig geboren, sondern müssen das im Rahmen Politischer Bildung erst lernen. Die Frage ist allerdings auch hier, wie sich das am besten lernen lässt.

Guter Begleittext unter ↗ www.bpb.de/gesellschaft/bildung/politische-bildung/299121/buergerleitbilder

In der JoDDiD arbeiten wir gern mit Bürger:innenbildern. Wir haben dazu die Holzbürgerinnen erfunden. Falls du sie dir mal anschauen willst, findest du sie hier: ↗ https://tud.link/bdaf

Logbuch Politische Bildung der John-Dewey-Forschungsstelle für die Didaktik der Demokratie

Dies ist eine Ressourcen-Analyse für dein Team:

Schreibt einen kleinen Steckbrief für euer Team und zeigt einander damit, was ihr alles drauf habt.

PROBIER'S AUS

AUSTAUSCH

DENKHÜTE

Kennst du die Denkhüte-Methode nach De Bono?

Sie kann genutzt werden, um bei einem Problem unterschiedliche Postionen einzunehmen.

Am besten funktioniert sie mit tollen Hüten oder Masken, lass dich von den Beschreibungen der 6 Köpfe inspirieren.

Schnapp dir 6 Papiertüten, eine paar Stifte und Bastelmaterial, wenn du magst.

Kreiere 6 Masken, die jeweils einen der 6 Denkhüte darstellen und setze sie in einem deiner Bildungsangebote ein.

Der kreative Kopf:
Klammert alltägliche Zwänge aus.
Greift Ideen aus der Gruppe auf.
Spinnt Gesagtes wertfrei weiter.
Schaut über den Tellerrand.

PROBIER'S AUS

WERKZEUGKISTE

Die kritische Spürnase
Wertschätzender Pessimist.
Zweifelt vieles an, was gesagt wird.
Findet Schwächen und Risiken.

Der Emotionale
Drückt sich subjektiv durch Gefühle aus.
Lässt positive und negative Gefühle zu.
Lässt sich führen durch Bauchgefühl und Intuition.

Die Verstärkerin
Optimistin.
Bestärkt alles, was gesagt wird.
Macht Chancen sichtbar.

Die Analytikerin
Fakten, Fakten, Fakten!!
Trägt Daten, Fakten, Zahlen zusammen und trägt sie vor.

Der Strukturierende
Alle Hüte denken über ein Problem nach. Der Strukturierende schaut von oben auf die Diskussion. Moderation. Hat im Blick, welcher Hut spricht oder nicht.

 Hier findest du weiteres Material dazu:
↗ https://tud.link/xtu7

AUF DIE MITTAGSPAUSE, FERTIG, LOS!

Mache mit deinen Kolleg:innen einen kreativen Spaziergang in der Mittagspause, bei dem ihr euch über die folgende Frage austauscht:

> Mit welcher Metapher
> lässt sich euer
> Selbstverständnis
> als Professionelle
> im Feld der Politischen
> Bildung tätige Bildner:innen
> am besten beschreiben
> und warum?

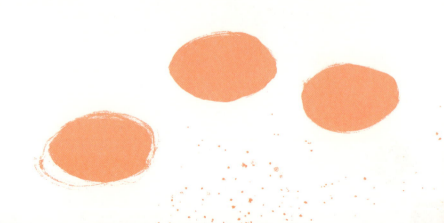

POLITIK IST FÜR MICH ...

Markiere, bekritzle, kreise ein!
Versuche dich auf die 5 Aussagen zu beschränken, denen du am meisten zustimmst.

»Politik ist die Kunst des Möglichen.«
— Otto von Bismarck

»Um den gesellschaftlichen Teilbereich des Politischen besser erfassen zu können, werden in der Politikwissenschaft üblicherweise die drei Dimensionen von Politik unterschieden: Die Dimension der politischen Inhalte (policy), der politischen Strukturen (polity) und der politischen Prozesse (politics).«
— moderne Definition

»Politik ist die Summe der Mittel, die nötig sind, um zur Macht zu kommen und sich an der Macht zu halten und um von der Macht den nützlichsten Gebrauch zu machen.«
— Niccolò

»Politik ist die »Gesamtheit aller Aktivitäten zur Vorbereitung und Herstellung gesamt-gesellschaftlich verbindlicher und/oder am Gemeinwohl orientierter und der ganzen Gesellschaft zugute kommender Entscheidungen.«
— Thomas Meyer

»Politik (ist) gesellschaftliches Handeln, ... welches darauf gerichtet ist, gesellschaftliche Konflikte über Werte verbindlich zu regeln.«
— Gerhard Lehmbruch, 1968: S.17

»Politik ist der Kampf um die Veränderung oder Bewahrung bestehender Verhältnisse.«
— Christian Graf von Krockow

»Politik ist öffentlicher Konflikt von Interessen unter den Bedingungen von Machtgebrauch und Konsensbedarf.«
— Ulrich von Alemann

»Das politische Feld ist der Ort der Konkurrenz um die Macht, die eine Konkurrenz um die Laien ist, genauer: um das Monopol auf das Recht, im Namen eines mehr oder weniger großen Teils der Laien zu sprechen und zu handeln.«
— Pierre Bourdieu

»Politik ist »der Kampf der Klassen um die Staatsmacht.«
— Vladímir Ílitx

»Politik ist was Politiker:innen machen.«
— Antonia, 16 Jahre

»Politik (ist) der alle Bereiche des gesellschaftlichen Lebens durchdringende Kampf der Klassen und ihrer Parteien, der Staaten und der Weltsysteme um die Verwirklichung ihrer sozialökonomisch bedingten Interessen und Ziele.«
— Wörterbuch der marxistisch-leninistischen Soziologie

»Politik beruht auf der Tatsache der Pluralität der Menschen. Sie regelt das Zusammen- und Miteinander-Sein der Verschiedenen, und zwar so, dass ein Maximum an Freiheit und Wohlergehen für jeden Einzelnen möglich wird, ohne dass die Einzelnen aufhören, Fremde zu bleiben, obwohl sie eine Gemeinschaft bilden und einander moralische Pflichten schulden.«
— Hannah Arendt

»Das Politische muß deshalb seine eigenen, relativ selbstständigen, relativ letzten Unterscheidungen haben, auf die alles im spezifischen Sinne politische Handeln zurück-geführt werden kann. [...] Die spezifisch politische Unterscheidung, auf welche sich die politischen Handlungen und Motive zurückführen lassen, ist die Unterscheidung von Freund und Feind.«
— Carl Schmitt

»Politik ist WHO GETS WHAT WHEN HOW.«
— Harold Lasswell

»Politik ist Kampf um die rechte Ordnung.«
— Otto Suhr

»Auch das Private ist politisch.«
— 1968er

»Politik beschäftigt sich mit der Frage, wie wir gut zusammen leben können.«
— Antiker Politikbegriff

»Politik ist das Streben nach Machtanteil oder nach Beeinflussung der Machtverteilung, sei es innerhalb eines Staates oder zwischen Menschengruppen, die er umschließt.«
— Max Weber

»Der Gegenstand und das Ziel von Politik ist der Friede.«
— Dolf Sternberger

»Politik ist jenes menschliche Handeln, das auf die Herstellung und Durchsetzung allgemeinverbindlicher Regelungen und Entscheidungen in und zwischen Gruppen von Menschen abzielt.«
— Werner Patzelt

»Wir wissen nicht genau, was Politik ist aber sie ereignet sich immer und überall.«
— Englischer Spaßvogel

»Die Politik ist zuerst der Konflikt über das Dasein einer gemeinsamen Bühne und über das Dasein und die Eigenschaften derer die auf ihr gegenwärtig sind. Das Wesen der Politik ist die Manifestation des Dissenses.«
— Jacques Rancière

MEINE GEDANKEN ZU ...

Sich ständig parallel zum ohnehin herausforderungsreichen Alltag weiterzubilden gelingt nicht immer spielend leicht.
Wir wissen das.

Und wir haben uns dafür Lösungen überlegt:
Schau dir 2 Abendschulstücke an oder höre 2 Podcastfolgen des Podcasts »Brille auf, wir müssen reden! Der JoDDiD-Podcast«.

FRAG DICH MAL

Platz für deine Gedanken

Podcast Folge 4 und Folge 7: ↗ https://tud.link/b5hr

Abendschule: Politische Bildung in Aktion: ↗ https://tud.link/mq51
Warum Didaktik nicht Methodik ist: ↗ https://tud.link/fo9a

Logbuch Politische Bildung der John-Dewey-Forschungsstelle für die Didaktik der Demokratie

INFUSIONEN
ZUR POLITISCHEN BILDUNG

Stellen wir uns einfach mal vor, man könnte Politische Bildung in Pillenform verabreichen. Welche Pillen bräuchte es dann?

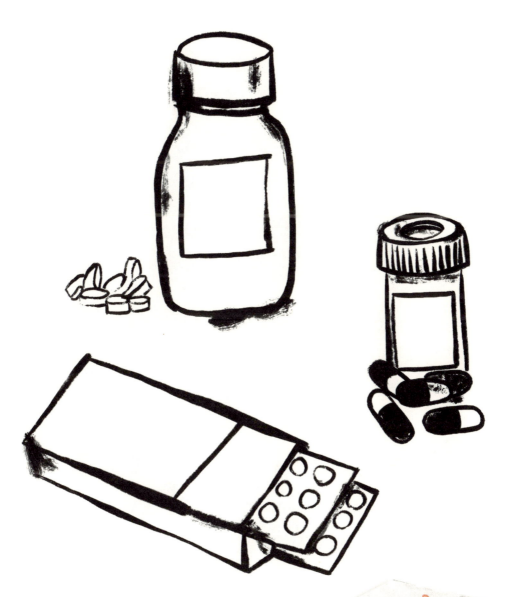

Logbuch Politische Bildung der John-Dewey-Forschungsstelle für die Didaktik der Demokratie

MIDAS

Logbuch Politische Bildung der John-Dewey-Forschungsstelle für die Didaktik der Demokratie

WEG DAMIT!

Reiß diese Seite raus und zerknülle sie.

Was steht darauf?
Was willst du rauswerfen aus der Politischen Bildung / deiner Arbeit?

Logbuch Politische Bildung der John-Dewey-Forschungsstelle für die Didaktik der Demokratie

10 MUTPROBEN
IN DER POLITISCHEN BILDUNG

1 Sag, dass du es auch nicht weißt.

2 Nimm jemanden mit, der die Veranstaltung die ganze Zeit heimlich beobachtet.

3 Argumentiere für eine (demokratische) Position, die deiner am weitesten entgegensteht.

4 Lade Vertreter:innen einer solchen Position ein und integriere sie in dein politisches Bildungsangebot.

5 Mache Politische Bildung an einem Ort, an dem noch nie ein Bildungsangebot stattgefunden hat. → S.72 Ideen-Lotterie

6 Gib für eine gewisse Zeit die Führung ab. Übernimm für eine gewisse Zeit die Führung.

➡ Du kriegst nicht genug von Herausforderungen? Dann ist Seite 142/143 jetzt genau das Richtige für dich!

Auch in der Politischen Bildung gibt es Dinge, die Mut brauchen. Wir haben da mal 10 Dinge aufgeschrieben, die Mut erfordern, aber lohnend sind. Vielleicht möchtest du das eine oder andere probieren. (rauskratzen, durchstreichen, abhaken, ….).

PROBIER'S AUS

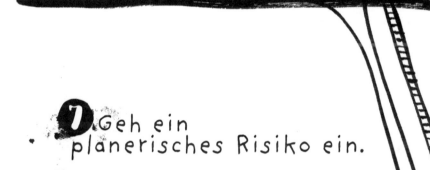

7 Geh ein planerisches Risiko ein.

8 Plane für eine Gruppe Erwachsene ein albernes Spiel!

9 Plane ein politisches Bildungsangebot undercover – also für Menschen, die gar nicht wissen, dass sie Teil dessen sind.

10 ...

EINFACH GUT GEMACHT!

In der Politischen Bildung denken wir uns immer wieder neue Dinge aus. Zeit, sich auf das zu besinnen, was einfach gut war und zur Nachahmung empfohlen ist.

Schreibe ein Rezept für eine richtig gute Politische Bildung, die du schon mal umgesetzt hast und teile dieses Rezept mit mindestens einem/einer Kolleg:in.

Lieblings-Rezept

LIEBLINGS-REZEPT

FRAG DICH MAL

AUSTAUSCH

 Wir in der JoDDiD haben ein Format, das ganz ähnlich funktioniert:
↗ gutgemacht.joddid.de
Hier kannst du dir vorbildliche Praxis aus dem engeren und weiteren Feld der Politischen Bildung im Bundesland Sachsen anschauen und dich inspirieren lassen.

Logbuch Politische Bildung der John-Dewey-Forschungsstelle für die Didaktik der Demokratie

⋛ STIMMIG! ⋚

Als Politische Bildner:innen sprechen wir häufig in kleineren oder größeren Gruppen. Unsere Stimme wird dabei natürlich auch beansprucht. Diese Übung kannst du machen, um deine Stimme vorher etwas aufzuwärmen.

PROBIER'S AUS

WERKZEUGKISTE

Stell dir vor, du hast eine kleine Fliege auf der Schulter.

Tu so, als würdest du sie mit deinem Zeigefinger und deinem Daumen sanft von der Schulter nehmen und langsam im Raum umherfliegen lassen.

Vollzieh mit deinen Fingern den Weg der Fliege nach und untermal ihre Flugbahn mit einem Summen.

Spiele mit den Höhen und Tiefen des Summens, bis du deine Fliege wieder auf deiner Schulter absetzt.

VOLL (UN)FAIR!

SPIELAUFBAU

Eine Schüssel steht in der Mitte eines großen Feldes.

Ausgehend von der Schüssel sind Kreidelinien in unterschiedlicher Entfernung zur Schüssel auf den Boden gemalt.

Jede:r Spieler:in erhält einen kleinen Eimer mit 20 Steinen.

SPIELANLEITUNG

1. Jede Person zieht ein Los (siehe rechte Seite).

2. Ziel ist es – innerhalb von 5 Minuten – so viele Steine wie möglich in die Schüssel zu bringen.

Alle Steine, die nach 5 Minuten in der Schüssel sind, sind der Gewinn der Gruppe.

3. Nach den 5 Minuten diskutiert die Gruppe darüber, wie der Erlös – also die gesammelten Steine – gerecht aufgeteilt werden sollen.

Kriegen alle die gleiche Anzahl, obwohl nicht alle genauso viele Steine beigetragen haben? Was passiert, wenn jemand gar nichts in die Schüssel gebracht hat, weil er:sie keine Lust hatte, mitzuspielen?

Durch diesen spielerischen Zugang können Vorstellungen von Gerechtigkeit besprechbar gemacht werden, die dann in einer Phase der Metakommunikation reflektiert werden können.

HINTERGRUND

Diese Idee soll verdeutlichen, wie Politische Bildung neben konventionellen Formaten auch gedacht werden kann. Diese Seite soll dazu inspirieren, in Bildungsveranstaltungen kreativ zu werden und in ganz neue Richtungen zu denken.

Du darfst nur Krebsgang laufen.

Bevor du zum Ziel läufst, musst du eine Runde um den Sportplatz laufen.

PROBIER'S AUS

Bevor du zum Ziel läufst, musst du 10 Kniebeugen machen.

Du darfst nur im Tip-Top-Schritt laufen.

WERKZEUGKISTE

Du musst mit verbundenen Augen laufen.

Du darfst entspannt laufen.

Du darfst nur auf einem Bein zum Ziel hüpfen.

Bevor du zum Ziel läufst, musst du einmal auf der Schaukel schaukeln.

Bevor du zum Ziel läufst, musst du mal klatschen.

Du darfst sprinten.

Bevor du zum Ziel läufst, musst du das Schultor berühren.

Bevor du zum Ziel läufst, musst du die Turnhalle berühren.

Du darfst deine Beine nicht benutzen, um zum Ziel zu gelangen.

Du darfst auf allen Vieren laufen.

Du darfst nur in der Hocke laufen.

Du darfst langsam (!!!) rückwärts gehen.

 Hier findest du von uns vorbereitetes Material zu diesem Spiel:
↗ https://tud.link/3r7n

Logbuch Politische Bildung der John-Dewey-Forschungsstelle für die Didaktik der Demokratie

WELCHE WERTE WICHTIG SIND

Überlege, welche Werte dir wichtig sind!
Du kannst 15 Punkte verteilen – auch mehrere pro Feld, wenn du magst.

Diese Vorlage eignet sich auch für die Anwendung in Gruppensituationen.

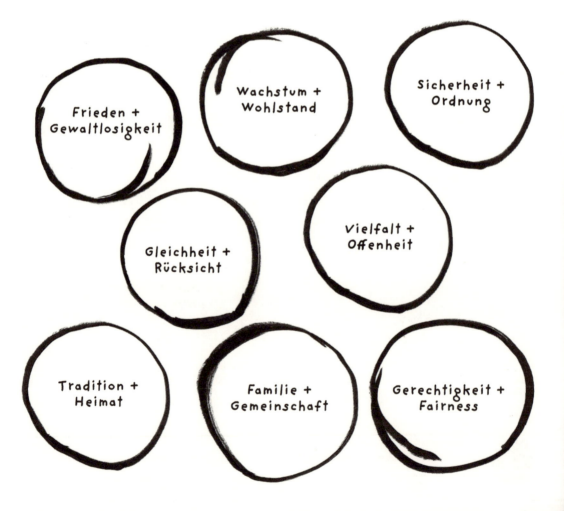

- Gesundheit + Umweltschutz
- Teilhabe + Mitbestimmung
- Emanzipation + Konfliktfähigkeit
- Gerechtigkeit + Fairness
- Talent + Erfolg
- Freiheit + Autonomie
- Toleranz + Anerkennung
- Dialog + Zusammenhalt
- Pünktlichkeit + Zuverlässigkeit

FRAG DICH MAL

AUSTAUSCH

WERKZEUGKISTE

Logbuch Politische Bildung der John-Dewey-Forschungsstelle für die Didaktik der Demokratie

UNVERZICHTBAR!

Denke an deine Arbeit in der Politischen Bildung:
Was darf in deinem didaktischen Werkzeugkoffer nicht fehlen?

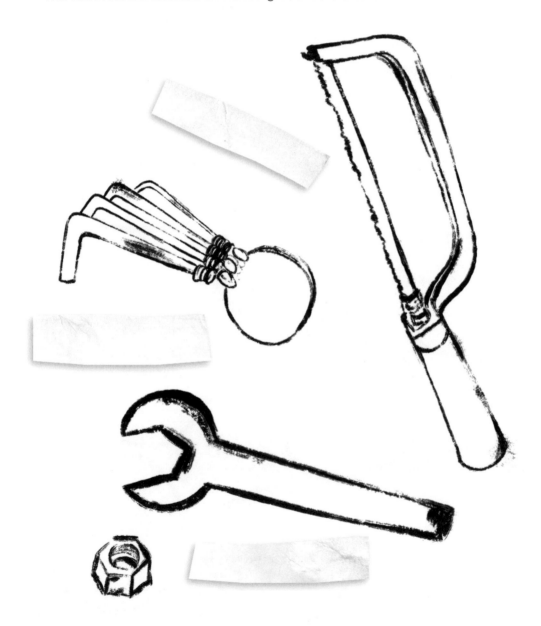

FRAG DICH MAL

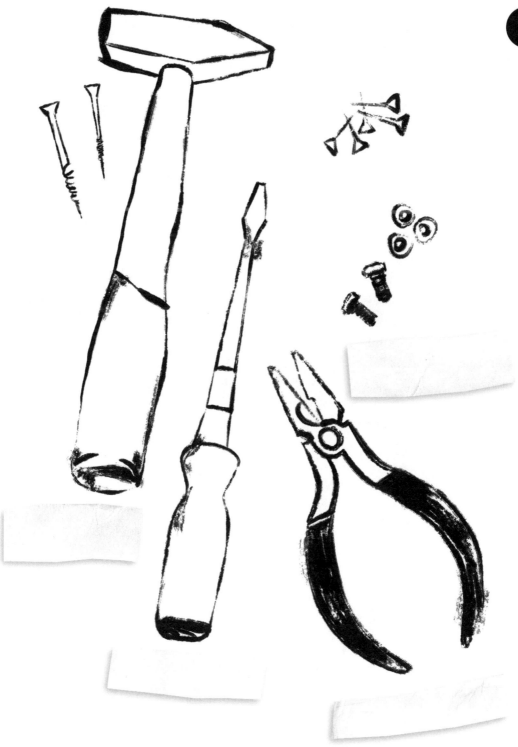

Logbuch Politische Bildung der John-Dewey-Forschungsstelle für die Didaktik der Demokratie

WAS HABE ICH LETZTE WOCHE FÜR DIE DEMOKRATIE GETAN?

Kreuze an oder hefte es dir an die Jacke.

- ICH BIN FÜR MEINE ÜBERZEUGUNGEN EINGETRETEN
- ICH HABE MICH GESTRITTEN!
- ICH HABE MICH FÜR EINEN GUTEN ZWECK EINGESETZT
- ICH HABE EINE PETITION UNTERSCHRIEBEN
- ICH HABE MICH GUT INFORMIERT
- ICH HABE EINEN STREIT GESCHLICHTET
- ICH HABE NACHGEFRAGT, ÜBERPRÜFT UND SELBST GEDACHT

FRAG DICH MAL

PROBIER'S AUS

- ICH HABE AN EINER **DEMONSTRATION** TEILGENOMMEN
- ICH HABE MICH **AUF DER STRASSE UNTERHALTEN**
- ICH WAR **WÄHLEN**
- ICH HABE MICH FÜR **MENSCHENRECHTE** EINGESETZT
- ICH WAR **FREUNDLICH**
- ICH HABE EINER **VERSCHWÖRUNGS-ERZÄHLUNG** WIDERSPROCHEN
- ICH HABE MIR ANDERE MEINUNGEN ANGEHÖRT UND VERSUCHT SIE ZU VERSTEHEN
- ICH HABE MEINE **PRIVATSPHÄRE** GESCHÜTZT
- ICH HABE EINE **GRUPPE** GELEITET

JoDDID — Logbuch Politische Bildung der John-Dewey-Forschungsstelle für die Didaktik der Demokratie

WAS KANN WEG?

Was ist Politische Bildung für dich?
Schreibe 10 Wörter auf.

Reduziere auf 5 Wörter.
Welche Wörter kannst du wegstreichen, und trotzdem sagen, dass das, was übrig bleibt, immer noch Politische Bildung gut beschreibt?

Reduziere nun so weit, wie du kannst.
Schaffst du es, dass nur noch ein Wort dasteht?

Für mich
ist Politische Bildung ...

1 ....

2 ....

3 ....

4 ....

FRAG DICH MAL

PRO BIER'S AUS

....
5

....
6

....
7

....
8

....
9

....
10

IDEENPOOL

Hier kommen die Rohdiamanten aus unserem JoDDiD-Ideenpool.
Es handelt sich bei unseren Rohdiamanten um fertige und unfertige Impulse für die Politische Bildung. Es sind eben Rohdiamanten: Manche müssen noch geschliffen werden.

Ergänze, kritisiere, male darin herum und denke sie weiter.
Wie könnte das funktionieren?

Idee #1
Die Entscheidungsampel

Diese Idee kam uns an einem Ort, an dem vermutlich die meisten von uns tagtäglich vorbeilaufen: an der Ampel. Dort treffen sich die unterschiedlichsten Menschen. Unsere Idee: ein Abstimmungstool. Alles was es braucht, ist eine Ampelphase und eine Abstimmungsfrage. Auf einem Display an der Ampel erscheint eine Frage oder Aussage, zu der Zustimmung oder Ablehnung signalisiert werden kann. Immer wenn die Ampel auf rot steht, erscheint eine Frage. Wenn die Ampel auf grün schaltet, geht's los. Wer sich langsam fortbewegt, ist dafür. Wer sich schneller fortbewegt, ist dagegen. Einem kleinen Gespräch zum Austausch über die eigene Antwort und die der anderen steht nach Überquerung der Ampel nichts im Wege. Diese kurzen Momente des Austauschs wären doch ein wunderbarer Nebeneffekt.

Natürlich könnten die Antwortmöglichkeiten noch erweitert werden, indem auch gehüpft, geklatscht, gestanden oder rückwärts gegangen werden kann. Mit dieser Abwandlung wären neben Dafür-/Dagegen-Fragen sogar mehrere Antwortmöglichkeiten denkbar.

Welche Fragen fallen dir ein, die du an der Ampel stellen könntest?

Idee #2
Die Freiheit des Lesens

PROBIER'S AUS

Heute geht es um Politische Bildung in der Buchhandlung. Menschen kommen hier hin, wenn sie auf der Suche nach Geschichten für Jung und Alt sind, wenn sie auf der Suche nach Informationen, Geschenken oder Zeitvertreib sind. Sie stöbern durch die Regale und manchmal passiert es, dass sie sich von bunt gestalteten Covern zu anregend klingenden Titeln und von Klappentext zu Klappentext treiben lassen.

Inspiriert durch zahlreiche TikTok-Videos kam uns folgende Idee: In den Bücherregalen werden zum Beispiel durch Schilder, Plakate oder kleine Aufkleber jene Bücher markiert, die an bestimmten Orten auf der Welt zensiert, verbrannt oder verboten sind. Dazu wird in einem kurzen Text beschrieben, wieso sie es sind. Beim Stöbern in der Buchhandlung passiert so fast nebenbei Politische Bildungsarbeit. Über den besonderen Ort dieses Projekts könnten auch Menschen angesprochen werden, die sonst Veranstaltungen der Politischen Erwachsenenbildung nicht besuchen.

Alternativ kann die Idee auch noch prominenter mit einem Aufsteller im Eingangsbereich oder mit der Einrichtung einer Themenecke zur »Freiheit des Lesens« umgesetzt werden.

Schau mal in dein Bücherregal. Findest du dort ein Buch, das woanders auf der Welt verboten oder zensiert wurde?

Wenn du noch weitergehen willst, dann geh doch einmal mit einem kleinen Pappaufsteller in die Buchhandlung um die Ecke und markiere ein paar Bücher, die in diese Kategorie fallen.

Logbuch Politische Bildung der John-Dewey-Forschungsstelle für die Didaktik der Demokratie

IDEENPOOL ▶▶

Idee #3
Der heiße Draht

Oftmals finden Begegnungen zwischen Bürger:innen und Politiker:innen in ritualisierter Form, zum Beispiel bei Abgeordnetengesprächen, Sprechstunden oder Podiumsveranstaltungen, statt. Hier sind Rollen oftmals vorbestimmt und das Interesse zum Thema oder zur Auseinandersetzung ist die Voraussetzung für die Begegnung. Doch wie könnte man die oft beklagte Kluft zwischen Politikbetrieb/öffentlicher Verwaltung und Bürger:innen verringern? Die Begegnung niederschwelliger gestalten und für interessierten, offenen Austausch sorgen?

Es hilft der direkte Draht! An öffentlichen Plätzen und in Kantinen des Landtags oder der öffentlichen Verwaltung könnten alte Telefone mit einem gemütlichen Sessel stehen. Durch Kurzwahl lässt sich eine Verbindung zu einem anderen Ort aufbauen.

Wer nimmt den Anruf an? Wen werde ich treffen und worüber werden wir sprechen? Der Zufall bestimmt die Kommunikation und entlastet die Begegnung.

Von wo zu wo würdest du deinen direkten Draht installieren?

Idee #4

....

....

....

....

Idee #5
Politische Bildung mit Hundewelpen

Hintergrund: Unsere Direktorin hat die Corona-Krise genutzt, um sich einen Traum zu erfüllen und sich einen Welpen zugelegt. Seither geht sie regelmäßig mit ihm auf die Straße und führt interessante Gespräche mit völlig anderen Menschen als je zuvor. Hundewelpen öffnen Herzen, und nachdem man ein bisschen über Erziehung und Verdauung gesprochen hat, kommt man schnell auch auf die großen Themen der Zeit.

Vorschlag: Gemeinsam mit einer Tierschutzorganisation könnten politische Streetworker:innen geschult werden, vermittelt über die süßen Welpen, schwierige Gespräche zu führen.

Bitte lauf jetzt nicht los und kauf dir sofort einen Welpen.

Welche Räume fallen dir noch ein, in denen mensch Politische Bildung gar nicht vermutet?

IDEENPOOL ▶▶

Idee #6
Betreutes Schimpfen

Über Politik kann man – ja man muss – manchmal sogar SCHIMPFEN. In Zeiten, in denen die Demokratie zunehmend unter Druck gerät, fällt das zuweilen aber schwer – sei es durch antidemokratische Tendenzen, globale Pandemie oder sogar nahe Kriege. Schließlich will man nicht in das gleiche Horn blasen wie Querdenker:innen, Verschwörungsgläubige oder andere unsolidarische Kräfte.

Wir schlagen deshalb ein Format vor, dem wir den schönen Titel »betreutes Schimpfen« gegeben haben. In einem solchen, möglicherweise regelmäßigen, Diskursformat kann jede:r ihrer/seiner Empörungen Luft machen und gleichzeitig darauf vertrauen, dass ein Schiedsrichter oder eine Schiedsrichterin darauf achtet, dass keine widerlegten Tatsachenbehauptungen unkommentiert im Raum stehenbleiben. Gesprächsanteile werden gerecht verteilt und substanzielle Kritik wird von oberflächlicher unterschieden. Denn erst auf dieser Grundlage können wir darüber sprechen, was sich ändern muss und vor allem wie.

Wir wollen Ihnen hier anregende, neue, schräge oder auch altbewährte Ideen für die Politische Bildung in der außerschulischen Jugend- und Erwachsenenbildung vorstellen. Manche Ideen sind auf den ersten Blick vielleicht unkonventionell, andere können morgen umgesetzt werden – sie eröffnen aber den Raum, um über den Tellerrand des bereits Existierenden zu blicken und aufzuzeigen, welche Formate aus unserer Sicht ebenfalls genutzt werden können, um Politische Bildung zu gestalten.

 Den kompletten Ideenpool findest du hier:
↗ https://tud.link/tdek

Martin Buber sagt:

DER MENSCH WIRD AM DU ZUM ICH.

 Logbuch Politische Bildung der John-Dewey-Forschungsstelle für die Didaktik der Demokratie

HINWEISE ZUR NEUORDNUNG DER WELT

BITTE BEACHTEN SIE!

Wir haben ein paar Bücher umgestellt.

Reiselektüre ist jetzt in der Fantasy-Rubrik,

Science-Fiction im Bereich »Aktuelles«

und Epidemiologie in der Abteilung »Selbsthilfe«.

IHR TEAM VON JOHNNYS BUCHHANDLUNG

Es muss nicht immer alles so bleiben, wie es ist.

Hin und wieder lohnt es sich darüber nachzudenken, wie wir die Welt neu ordnen können – das betrifft auch die Politische Bildung.

Wie veränderst du dein Bildungsangebot, wenn sich die Welt verändert?

IDEEN LOTTERIE

Podiumsdiskussionen und Vorträge sind oft spannend. Aber diese Formate außerschulischer Politischer Bildung sind doch etwas angestaubt.

Wie könnten frischere Formate aussehen?

Um das herauszufinden, schließ deine Augen und fahre mit dem Finger über das Papier. Stoppe deinen Finger und mache die Augen auf.

Konzipiere nun ein innovatives Bildungsangebot für genau den Ort, auf den dein Finger zeigt.

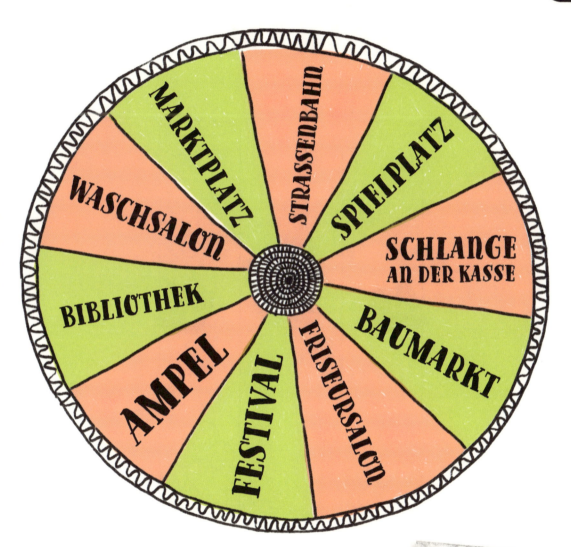

↪ Sollte dir gerade gar nicht nach innovativem Denken sein, dann macht das gar nichts. Bearbeite stattdessen die Übung auf Seite 50/51.

→ BAUANLEITUNG ←
FÜR ABSTIMMUNGS-SÄULEN

PROBIER'S AUS

WERKZEUGKISTE

Zustimmung oder Nichtzustimmung sichtbar zu machen gehört zur Demokratie und ist auch in Bildungsprozessen wichtig.

Diese Abstimmungsgeräte haben wir in der JoDDiD gebaut, und sie können unterschiedlich eingesetzt werden.

Sie können zu Beginn von Bildungsangeboten Bedürfnisse, Voreinstellungen und Wünsche sichtbar machen.

Sie können im Rahmen von Bildungsveranstaltungen Zustimmung oder Ablehnung zu bestimmten für die Veranstaltung wichtigen Thesen signalisieren.

Außerdem können sie im Rahmen von Feedbackverfahren eingesetzt werden.

Wir haben verschiedene Abstimmungsgeräte aus Plexiglas und Holzfüßen von einer Handwerkerin anfertigen lassen. Mit bunten Tischtennisbällen kann unendlich oft abgestimmt werden.

BAUANLEITUNG

Wenn du unsere Röhren nachbauen möchtest, empfehlen wir, einen stabilen Holzfuß (25x25cm) mit einem fest verbauten runden Aufsatz zu verschrauben (Durchmesser 9 cm). Auf diesen Aufsatz, wir haben ihn mit Filz überzogen, kann dann die Plexiglasröhre (Durchmesser 10cm) aufgesetzt werden. In der Höhe kann die Röhre natürlich variieren – wir haben uns für Röhren entschieden, die entweder 50 cm oder 100 cm hoch sind.

Willst du jetzt sofort eine Abstimmung durchführen!?

Einige Glasschüsseln und Tischtennisbälle tun es natürlich auch ;)

Worüber möchtest du abstimmen lassen?

 Im JoDDiD-Shop gibt es noch viele weitere Materialien, die zum Teil sogar ausgeliehen werden können. Schau doch mal vorbei!
↗ https://tud.link/h8j5

LET'S PLAY!

Überlege dir ein aktivierendes Spiel.
Probiere es in deinem nächsten Bildungsangebot aus.

PROBIER'S AUS

➜ Für eine Anregung zu dieser Übung blättere zurück auf Seite 54/55.

VERANSTALTUNGS-TRACKER

Nimm diese Seite auf die nächsten 10 Veranstaltungen mit.
Halte die Augen offen und zähle:
Was beobachtest du?

Wie viele Vorträge?

Wie viele Podiumsdiskussionen?

Wie viele Workshops?

Wie viele Lesungen?

Wie viele Worldcafés?

Wie viele Fishbowls / Kugellager?

Platz für deine Kategorien

VERANSTALTUNGEN
① ② ③ ④ ⑤ ⑥ ⑦ ⑧ ⑨ ⑩

WERK ZEUG KISTE

Wie viele Männer haben gesprochen?	Wie viele frontale Settings?	Es ging um Demokratie.
Wie viele Frauen haben gesprochen?	Wie viele Stuhlkreise?	Grundrechte / Menschenrechte
Wie viele PoCs haben gesprochen?	Wie viele Arbeitsgruppen?	Konflikte
Gab es Streit?	Wie viele Abstimmungen?	Historisches
Die Moderation war gut.	Wie viele Kartenabfragen / Moderationsmethoden?	Utopisches
Die Moderation war schlecht.	Wie viele Pausen waren zu kurz?	Das Thema hatte globale Bezüge.

JoDID — Logbuch Politische Bildung der John-Dewey-Forschungsstelle für die Didaktik der Demokratie

MISSION ALLTAGS-VERSCHÖNERUNG
ODER AUCH KUNST IM BÜRO

Bleibe als letzte Person im Büro / gehe als erste Person ins Büro und gestalte das Büro im Sinne einer kleinen Guerilla-Aktion.

Du kannst dazu einen der folgenden Vorschläge nutzen oder du denkst dir selbst etwas aus.

Gestalte kleine Figuren aus Büromaterial und verteile sie an ungewohnten Plätzen.

Schneide kleine Augen aus Papier aus und erwecke so Gegenstände zum Leben.

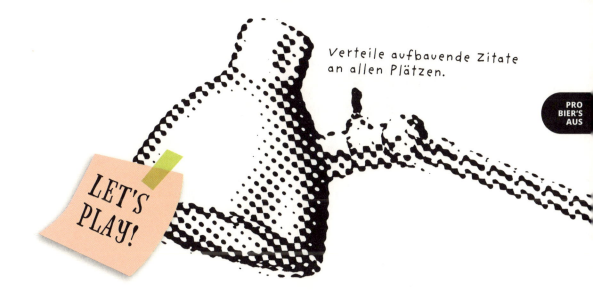

Verteile aufbauende Zitate an allen Plätzen.

PROBIER'S AUS

LET'S PLAY!

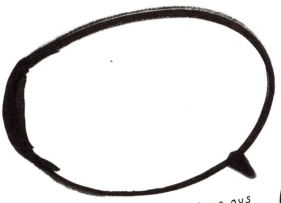

Stelle leckeres Essen (z.B. Kekse) an einen populären Ort, ohne zu sagen, dass es von dir kommt.

Schneide diese Sprechblase aus und bringe die Toilettenfiguren zum Sprechen.

JoDDID — Logbuch Politische Bildung der John-Dewey-Forschungsstelle für die Didaktik der Demokratie

WO ENDET DER DIALOG?

In Angeboten Politischer Bildung kommt es immer wieder vor, dass problematische, weil rassistische, vorurteilsbeladene oder menschenfeindliche, Äußerungen sichtbar werden.

Dann muss oft schnell entschieden werden, was zu tun ist.
Stehenlassen oder reagieren? Was ist tolerierbar und was nicht?

Die Herausforderung besteht dabei darin, dass jede:r eine andere Toleranzgrenze hat.

Wo ist deine Toleranzgrenze?
Wir haben ein paar Beispiele eingefügt.

Es macht aber auch Sinn, sich an Situationen zurückzuerinnern, in denen man sich in diesem Zusammenhang unsicher gefühlt hat.

> Ein Teilnehmer fragt seine Sitznachbarin: »Kannst du mir mal den Hautfarbe-Stift geben?«

> Du beobachtest, wie ein Teilnehmer auf einem Zettel die I-Punkte als Hakenkreuze verziert.

> Ein Teilnehmer trägt ein T-Shirt mit der Aufschrift: »FCK NZS«.

> Eine Teilnehmerin benutzt als Profilfoto auf Facebook ein Bild von Beate Zschäpe.

> Eine Teilnehmerin berichtet dir, dass ihr Kollege mit über schwulenfeindliche Witze gelacht hat.

 Handlungsvorschläge dazu, wie du in diesen Situationen reagieren kannst, findest du im Begleitmaterial auf der JoDDiD-Website.

FRAG DICH MAL

PRO BIER'S AUS

WAS WIR TOLERIEREN   UND WAS NICHT

TOLERANZGRENZE

Logbuch Politische Bildung der John-Dewey-Forschungsstelle für die Didaktik der Demokratie

John Dewey sagt:

DEMOCRACY H BORN ANEW EVERY GENER AND EDUCATI IS ITS MIDW

Sinngemäß: »Die Demokratie muss in jeder Generation neu geboren werden, und Bildung ist ihre Hebamme.«

Dazu fällt mir ein...

AS TO BE

ATION,
ON
IFE.

JoDDID — Logbuch Politische Bildung der John-Dewey-Forschungsstelle für die Didaktik der Demokratie

DAS FLÖTENSPIEL

Wir laden dich zu einem Gedankenspiel zum Thema Gerechtigkeit ein:

Du musst entscheiden,
welches Kind
die Flöte bekommt.

Diese Idee stammt hierher: Sen, Amartya (2010): The idea of justice. Penguin books: London.

Logbuch Politische Bildung der John-Dewey-Forschungsstelle für die Didaktik der Demokratie

GESPRÄCHE MIT KOLLEG:INNEN

In der Politischen Bildung gibt es viele offene Fragen und (auch) Fragen, auf die sich schwer eine Antwort finden lässt. Dennoch lohnt es sich, über diese Fragen ins Gespräch zu kommen.

Wähle eine erste Frage und probier's doch einfach mal aus!

Wie lässt sich Demokratie fördern?

Was über Politik muss man nicht wissen?

Ist politische Handlungsfähigkeit immer gut?

Ist Rationalität immer gut?

Was genau heißt Emanzipation?

Wird es besser, wenn alle zur Wahl gehen?

Wie entwickelt sich politisches Interesse?

Kann jeder Politische Bildung machen?

Wie lässt sich Selbstwirksamkeit vermitteln?

Sind Kontroversen immer gut?

Ist Politische Bildung ein sicherheitspolitisches Instrument?

Wann ist Politische Bildung gut?

Was ist der Unterschied zwischen Politischer und Demokratischer Bildung?

Was heißt eigentlich Subjektorientierung genau?

Wann ist Politische Bildung wirksam?

Was machen wir mit den Gefühlen in der Politischen Bildung?

Wer braucht Politische Bildung besonders?

Ist der Beutelsbacher Konsens heilig?

Kann man Zivilcourage lernen?

AUS TAU SCH

Darf Politische Bildung Spaß machen?

Kann Politische Bildung präventiv wirken?

Ist Ambiguitätstoleranz immer gut?

Kann man Partizipation üben?

Wie geht Politische Bildung für alle?

Wie lassen sich Werte vermitteln?

Ist Konsens immer gut?

Braucht es Politische Bildung für politische Akteur:innen?

Was ist der Unterschied zwischen Politischer und Kultureller Bildung?

Kann Politische Bildung in der Schule gelingen?

Wie begegnen wir Menschenfeindlichkeit?

Reicht es, Konflikte zu moderieren?

Wo hört Politische Bildung auf?

In welchem Auftrag handelt Politische Bildung?

Wie politisch darf Politische Bildung sein?

Ist Empowerment immer gut?

Wie lässt sich Bevormundung verhindern?

Wie ist das jetzt mit der Neutralität?

Kann man Mündigkeit messen?

Was ist der Unterschied zwischen Politischer und Historischer Bildung?

Welche Politische Bildung brauchen wir morgen?

➡ Wenn ihr gerade in einem wunderbaren Austausch seid, könnt ihr gemeinsam mit der Übung auf der Seite 36/37 weitermachen.

Logbuch Politische Bildung der John-Dewey-Forschungsstelle für die Didaktik der Demokratie

RAUM ERNST NEHMER:IN

Bist du schon tätig im Bereich Politischer Bildung? Ja?

Gibt es einen Raum, den du in diesem Zusammenhang oft benutzt?

Passt der Raum zu deiner Arbeit?
Was müsste an dem Raum verändert werden, damit er besser passt?

Mach das!

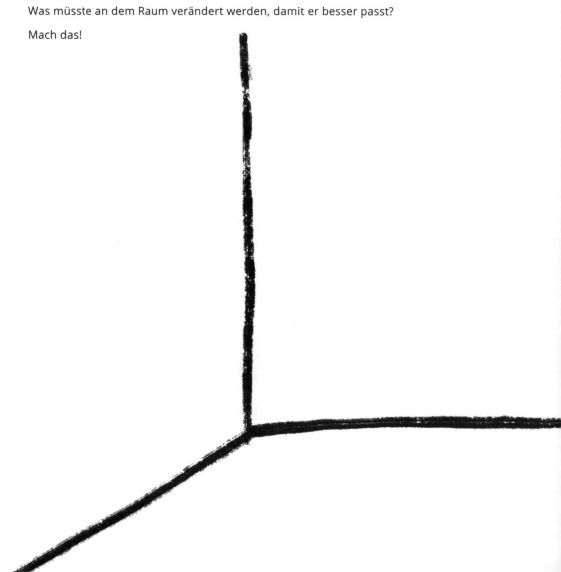

FRAG DICH MAL

→ Falls du weiter über Räume nachdenken möchtest, schlag die Seite 124/125 auf.

JoDDID — Logbuch Politische Bildung der John-Dewey-Forschungsstelle für die Didaktik der Demokratie

SCHLEICHWERBUNG

JoDDID ABENDSCHULE

Die Abendschule ist ein kostenfreies, digitales und asynchrones Angebot zur selbstbestimmten fachdidaktischen Qualifizierung aller Fachkräfte im Feld der außerschulischen politischen Jugend- und Erwachsenenbildung, die sich zu der Frage, wie sich Politische Bildung sinnvoll organisieren lässt, weiterbilden möchten.

Sie findet im Gegensatz zu einer klassischen Abendschule auf YouTube statt. Dort kannst du dir zu vielen spannenden und relevanten Themen der non-formalen Bildung Videolectures anschauen. Du kannst komplizierte Abschnitte wiederholen und dann Pausen machen, wenn du sie brauchst. So lässt sich die Abendschule perfekt in deinen Alltag integrieren.

Wenn du möchtest, kannst du die Abendschule mit einer Klausur abschließen und erhältst ein Zertifikat.

Themen sind z.B.: Wann ist Politische Bildung gut?
Politische Bildung in der Hundeschule
Politische Bildung in der Kita
Was Politische Bildung ist oder sein könnte?
Emotionen & Politische Bildung
Einführung in die politische Erwachsenenbildung
Politische Bildung & Demokratische Bildung – Ziemlich beste Feinde?

Die einzelnen Lectures werden von Aktiven im Feld und Professor:innen gehalten.

Du findest die Abendschule bei YouTube:
↗ https://www.youtube.com/channel/UCkagX2s3AC2-qCN0ZbtzTNw

FEEDBACK · REVIEW

PRO BIER'S AUS

An machen Tagen ist es zum Verzagen:
Nichts will so richtig gelingen.

Schau dir an einem solchen Tag positives Feedback
aus einer deiner vergangenen Veranstaltungen an.

Falls du dieses Feedback normalerweise nicht aufbewarst,
nimm dies auch als Anregung, positives Feedback abzuspeichern,
zu fotografieren oder einzuheften.

Falls du uns Feedback zum Logbuch geben willst,
kannst du dies unter dieser Adresse tun: ↗ tud.link/oa6t

Logbuch Politische Bildung der John-Dewey-Forschungsstelle für die Didaktik der Demokratie

❶ Meine Herausforderung

❷ Wie kann ich die Situation noch verschlechtern?

Was müsstest du machen, damit die Herausforderung noch größer/ die Situation noch schlechter/ das Ergebnis noch schlimmer wird?

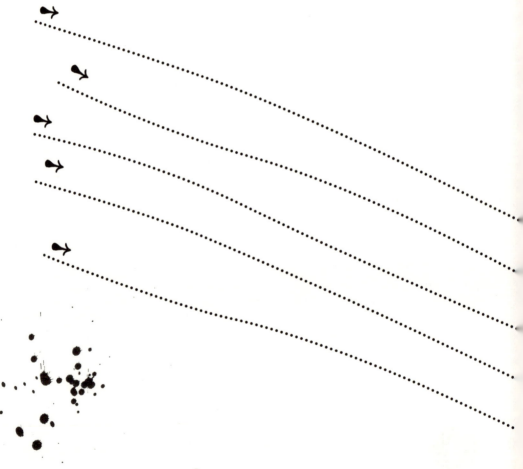

IM GEGENTEIL!

Du kommst in einer Situation einfach nicht weiter?

Manchmal ist es hilfreich, eine Herausforderung aus einer völlig neuen Perspektive zu betrachten.

PROBIER'S AUS

AUSTAUSCH

❸ **Und was ist das Gegenteil davon?**
Kehre nun die Antworten um.
(z.B. »Einfach nichts mehr sagen« → »Viel mehr sagen«
»Niemanden um Rat fragen« → »Jemanden um Rat fragen« etc.)

↗ ....
↗ ....
↗ ....
↗ ....
↗ ....

Schau dir deine Liste an:
Was kann dir wirklich bei der Herausforderung helfen?

JoDDID   Logbuch Politische Bildung der John-Dewey-Forschungsstelle für die Didaktik der Demokratie

LOB-SAMMLER:IN

Eine wertschätzende Arbeitsplatzkultur kann Wunder wirken.

Schließlich wissen wir, dass Anerkennung für die eigene Arbeit eine ebenso relevante Kategorie für das Wohlbefinden am Arbeitsplatz ist wie eine gerechte Bezahlung.

Im stressigen Joballtag kommt Wertschätzung aber manchmal zu kurz. Höchste Zeit, hier proaktiv zu werden:

Gib das Buch verschiedenen Kolleg:innen und hole dir positive Rückmeldungen für deine Arbeit.

AUSTAUSCH

Von:

Das schätze ich an dir:

Von:

Das schätze ich an dir:

BRIEFE AN MENSCHEN,
DIE MICH ZUR POLITISCHEN BILDUNG GEFÜHRT HABEN

Es gibt immer die eine oder andere Person, die in unserem Leben Weichen gestellt hat. Das gilt auch und gerade in der Politischen Bildung.

Wer war das in deinem Fall?
Weiß die Person, wie wichtig sie für dich war?
Wenn nicht, lohnt es sich vielleicht, ihr das einmal mitzuteilen.

Schreibe einen Brief an sie.

FRAG DICH MAL

STÖR-FAKTOR

Das nervt am meisten:

FRAG DICH MAL

AUSTAUSCH

Welches Verhalten von Teilnehmer:innen irritiert dich im Rahmen von Bildungsangeboten?

Welche Gründe könnte es geben, die das für dich irritierende Verhalten erklären?

Welche Gründe hat es, wenn du dasselbe tust?

Was kannst du tun, um diesen Umstand zu verändern?

ANLEITUNG ZUM UMGANG MIT DEMOKRATIEFEINDLICHEN AUSSAGEN

Wir haben hier einige Tipps zum Umgang mit demokratiefeindlichen Äußerungen gesammelt. Ergänze sie!

1. Indifferenz vermeiden.
2. Betroffene schützen.
3. Auseinandersetzung führen.
4. Themenhopping vermeiden.
5. Eskalation vermeiden.
6.
7.
8.

> *Du bist sozialpädagogische Fachkraft in einem Jugendclub. Eines Tages fällt dir auf, dass in der Toilette die Buchstaben »NSU« und daneben der Schriftzug »Uwe M. ist unser Held« zu lesen sind.*
>
> *Du bist überrascht, da du dementsprechende Tendenzen bisher in dieser Einrichtung nicht wahrgenommen hast.*

WERK ZEUG KISTE

Wie verhältst du dich in dieser Situation?
Entwirf eine Strategie.

Wenn du mehr Tipps zu dieser Frage benötigst, empfehlen wir das Buch »Politische Bildung in reaktionären Zeiten« von Rico Behrens, Anja Besand und Stefan Breuer, das über den Wochenschauverlag kostenlos als PDF bezogen werden kann. Wenn du lieber zuhörst als liest, dann empfehlen wir dir das »JoDDiD liest«-Stück von Stefan Breuer und Rico Behrens. Sie lesen einen Abschnitt aus ihrem Buch vor. Im JoDDiD-Podcast »Brille auf – Wir müssen reden.« findet ihr außerdem eine Episode, in der die beiden über das Buch sprechen.

Logbuch Politische Bildung der John-Dewey-Forschungsstelle für die Didaktik der Demokratie

WAS
EIGEN
NI
KONTRO

IST
TLICH
CHT
OVERS?

Logbuch Politische Bildung der John-Dewey-Forschungsstelle für die Didaktik der Demokratie

Fülle dein eigenes Bingoblatt mit Phrasen aus,
die zuverlässig in Veranstaltungen immer wieder fallen.

Nach wie vielen Veranstaltungen hast du ein Bingo?

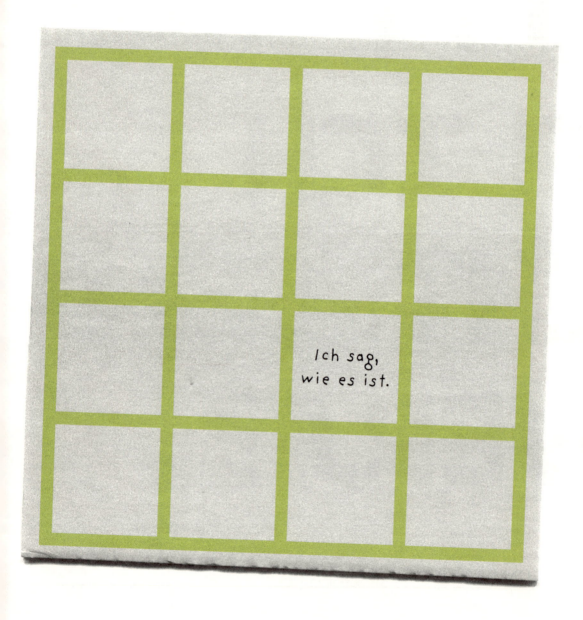

PHRASEN-BINGO

Auf den nächsten 10 Veranstaltungen zur Politischen Bildung sollst du die Ohren offen halten.

Nach wie vielen Veranstaltungen hast du ein Bingo?

Wir brauchen Konsens.	Alles immer bunt	Nur keine Spaltung!	Haltung zeigen!
Wir haben den Bürger im Blick.	XY hat gesagt...	Das wird man wohl noch sagen dürfen.	Das Problem ist Polarisierung.
Vielfalt	Normativ vorbelastet	Wir müssen doch neutral sein?	Ich bin ja kein XY, aber...
Das ist doch Cancel-Culture!	Im Dialog bleiben	Ein zentrales Narrativ ist ...	Sie müssen mindestens drei Tageszeitungen gelesen haben.

Logbuch Politische Bildung der John-Dewey-Forschungsstelle für die Didaktik der Demokratie

ÄH, WAS SOLL ICH DENN DAMIT??

Mit gesammelter Erfahrung kristallisieren sich irgendwann Methoden und Materialien heraus, die wir in Bildungsveranstaltungen immer wieder nutzen.

Diese Übung soll dabei helfen, einen Blick über den Tellerrand zu wagen und Neues auszuprobieren.

1 Schau dir die verschiedenen Gegenstände an, die jetzt gerade in deiner Nähe sind.

Wähle davon denjenigen aus, den du am unpassendsten für eine Bildungsveranstaltung findest.

Überlege dir, wie du diesen Gegenstand sinnvoll und nicht bloß als Dekoration in einem Bildungsangebot nutzen könntest und schreibe es auf.

PROBIER'S AUS

2 Wiederhole diese Übung. Nimm diesmal einen Regenschirm als Ausgangsgegenstand für deine Überlegungen.

↪ Du bist nach dieser Übung total drin im innovativen Denken? Dann mach damit auf Seite 134/135 gleich weiter!

Logbuch Politische Bildung der John-Dewey-Forschungsstelle für die Didaktik der Demokratie

LANGZEIT-BEOBACHTUNG

Beobachte in den nächsten Wochen Folgendes:
Welchen versteckten Regeln und stummen Vereinbarungen folgst du
(und vielleicht auch alle anderen) in deinen Bildungsangeboten eigentlich immer?
Dies können ganz kleine oder ganz große Regeln sein.

Sammle einige davon hier:

UNGESCHRIEBENE REGELN

Für welche bist du dankbar?

Welche Regeln möchtest du brechen?
Wie könntest du sie brechen?

Wenn du Lust hast, besuche doch mal eine andere Bildungsveranstaltung und beobachte, ob dort die gleichen Regeln gelten.

Die Ergebnisse deiner Recherche kannst du auf S. 146/147 in Forderungen umwandeln.

POLITISCHE WALKS

Achte auf deinem Arbeitsweg ganz bewusst auf deine Umgebung.

Welche politischen Zeichen, Hinweise, Anregungen für Streitgespräche etc. begegnen dir?

Mach ein Foto von deinen Beobachtungen
oder notiere sie dir in Schlagworten auf Post-its.

Lege zusammen mit deinen Kolleg:innen eine Ausstellungswand
mit euren Beobachtungen im Büro an.

Logbuch Politische Bildung der John-Dewey-Forschungsstelle für die Didaktik der Demokratie

WAS JETZT?

Öffne eine News-Website oder schlage deine Lieblingszeitung auf. Wähle darin eine Headline aus und überlege dir ein passendes Angebot Politischer Bildung.

Wieder mehr Feldhasen in Deutschland

Smartphones im Vergleich: Die besten Modelle

Wegen ungemähtem Rasen: Nachbarschaftsstreit eskaliert

5

PROBIER'S AUS

**Lebensmittelcheck:
So viel Zucker steckt im Müsliriegel!**

Influencer:innen wandern nach Dubai aus

**Hollywood-Drama:
Wer glaubt ihr jetzt noch?**

Logbuch Politische Bildung der John-Dewey-Forschungsstelle für die Didaktik der Demokratie

John Dewey sagt:

DAS DENKEN IN DEN ZWI_ RÄUMEN DER GEWOHNHEI_ VERSTECKT.

Dazu fällt mir ein...

IST MENSCHEN-RECHTEN

Logbuch Politische Bildung der John-Dewey-Forschungsstelle für die Didaktik der Demokratie

WO STEHE ICH?

Wie gestaltest du deine Bildungsangebote?
Verorte dich auf den Skalen!

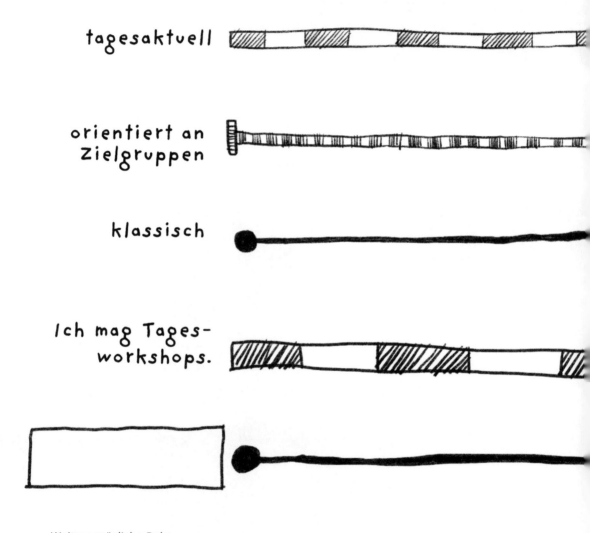

Weitere mögliche Pole:

Ich kann auch mal gut auf Antworten warten. — Ich kann Stille schwer aushalten.
gesellschaftliche Veränderungen fördern — gesellschaftliche Ordnung integrieren
Ich fange bei der Lösungen an. — Ich fange beim Problem an.
Planung viele Monate im Voraus — Planung in der Nacht vorher (zu einem Ereignis von morgen)

rückblickend

orientiert an Räumen/inklusiv

experimentell

Ich mag Stundenworkshops.

laut — leise
Begleitung — Anleitung
analog — digital
rekonstruieren — entwerfen

Konsens — Konflikt
sprechen — hören
denken — handeln
lernen aus der Geschichte — lernen für die Zukunft

AHA!

Was war deine größte Überraschung in der Politischen Bildung?

Logbuch Politische Bildung der John-Dewey-Forschungsstelle für die Didaktik der Demokratie

DREI WÜNSCHE FREI

Wenn du dir 3 Dinge in Bezug auf deinen Arbeitsalltag wünschen könntest, welche wären das?

Was kannst du Konkretes tun, damit diese Wünsche wahr werden?

★ 10 DINGE, DIE EINEN RAUM SOFORT ANREGENDER MACHEN

Sammle Dinge, die den Raum deines Politischen Bildungsangebots von einem Moment auf den anderen anregender machen können.

1 ....

2 ....

3 ....

4 ....

5 ....

ANSPRECHEND

PROVOKANT

6 ....

7 ....

8 ....

9 ....

10 ....

Was davon ist (schnell) umsetzbar?

GRUSELIG!

Schreibe 3 Szenarien auf, vor denen du dich in der Politischen Bildung fürchtest.

Nutze die nächste gute Gelegenheit, dich mit Kolleg:innen darüber auszutauschen, wie du dem gut begegnen kannst.

SZENARIO 1

SZENARIO 2

SZENARIO 3

➜ Dir fällt gerade nichts ein? Kein Problem! Lass dich auf Seite 8/9 inspirieren.

@sxw.art sagt:

MANCHMAL GEHT'S HALT NICHT.

ICH NEHME MIR DIE ZEIT

Überlege dir ein Thema, zu dem du gern aussagefähiger wärst.

Nimm dir nun bewusst eine Stunde Zeit und lies etwas dazu.

AUS TAU SCH

Wissen kommt in vielen Formen. Hier kannst du dir z.B. einen Podcast zu rassismuskritischer Politischer Bildung oder ein Abendschulstück zur Frage nach Zielgruppen und Räumen in der Politischen Bildung anhören.

JoDDiD-Youtube-Kanal
↗ www.youtube.com/watch?v=LDKjcETnB64

JoDDiD-Podcast
↗ joddid-podcast.podigee.io/3-endedersimulation

POSITIVER FRIEDEN
Frieden ist weit mehr als ein Waffenstillstand

FRIEDEN DURCH HANDEL

> **Die Waffen NIEDER!**
> — Bertha von Suttner

> **Peace begins with a smile.**
> — Mutter Theresa

FRIEDEN ENTSTEHT DURCH GEWALTLOSIGKEIT

> **Auge um Auge – und die ganze Welt wird blind sein.**
> — Gandhi

> **Die Grundlage des Weltfriedens ist das Mitgefühl.**
> — Dalai Lama

Frieden durch Widerstand

> **Keiner hat das Recht zu gehorchen.**
> — Hannah Arendt

Frieden durch Versöhnung

EINE VORAUSSETZUNG FÜR DEN FRIEDEN SIND GUTE MENSCHEN

> **Die Welt wird nicht bedroht von bösen Menschen, sondern von Menschen, die Böses zulassen.**
> — Albert Einstein

FRIEDEN – WIE GEHT DAS?

FRAG DICH MAL

Es gibt ganz viele verschiedene Konzepte dafür, wie Frieden erreicht und gesichert werden kann. Einige davon findest du auf dieser Seite.

Markiere das Friedenskonzept, das deinem am nächsten ist.

Beobachte in den kommenden 10 Wochen, welche Konzepte von Frieden dir im Alltag (z.B. Medien, Gespräche) begegnen.

Halte deine Erkenntnisse auf dieser Doppelseite fest, indem du z.B. für jede Beobachtung einen Strich in die betreffende Blase setzt.

> Je stärker wir sind, desto unwahrscheinlicher ist der Krieg.
> — Otto von Bismarck

FRIEDEN DURCH ABSCHRECKUNG

> Es gibt das Böse in dieser Welt. Eine gewaltfreie Bewegung hätte Hitlers Armeen nicht stoppen können. Verhandlungen können die Al-Qaida-Führer nicht dazu bringen, ihre Waffen niederzulegen. Zu sagen, dass Gewalt manchmal notwendig ist, ist keine Aufforderung zum Zynismus – es ist eine Erkenntnis der Geschichte.
> — Barack Obama

Frieden durch Völkerverständigung

Frieden durch Bildung?

> Those who love Peace must learn to organize as effectively as those who love war.
> — Martin Luther King

> If you want to end war, then instead of sending guns, send books.
> — Malala Yousafzai

EINE VORAUSSETZUNG FÜR DEN FRIEDEN SIND KLUGE INSTITUTIONEN UND STRATEGIEN.

NEGATIVER FRIEDEN Das heißt Frieden ist, wenn die Waffen ruhen.

Logbuch Politische Bildung der John-Dewey-Forschungsstelle für die Didaktik der Demokratie

BEGRIFFE,
DIE NOCH EINMAL ERKLÄRT WERDEN SOLLTEN

Wir wollen in der Politischen Bildung zugänglich sprechen und verstanden werden.

Es passiert aber trotzdem immer wieder, dass Begriffe rausrutschen, die nicht alle verstehen.

Achte mal darauf und sammle diese Begriffe hier.

FRAG
DICH
MAL

PRO
BIER'S
AUS

METHODEN-MAKE-OVER

Sucht euch im Team eine Methode, die ihr immer nutzt und denkt sie vollkommen neu!

Falls euch spontan nichts einfällt, tut es auch ein Format:
Es gibt zum Beispiel viele Podiumsdiskussionen im Rahmen außerschulischer Politischer Bildung. Versucht mal, dieses Format aufzufrischen.

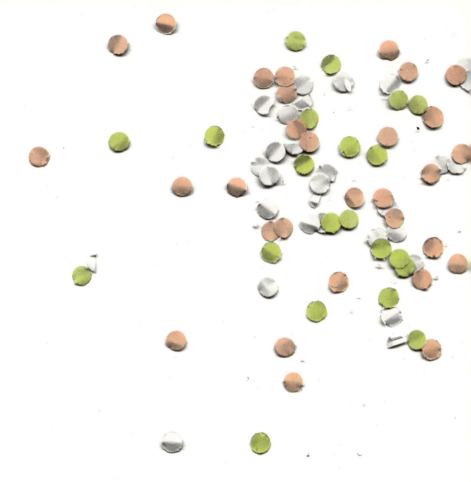

 Wir haben uns in der JoDDiD auch einmal an einem Makeover für die Podiumsdiskussion probiert. Wenn du möchtest, schau mal hier: ↗ tud.link/ka6s

Plane eine kleine kooperative Einheit, in der nicht gesprochen werden darf.
Nutze andere Kommunikationswege, z.B. mit Gesten oder Blickkontakt.

PROBIER'S AUS

SCHLEICHWERBUNG

JoDDiD PODCAST
»BRILLE AUF, WIR MÜSSEN REDEN!«

Die JoDDiD setzt an der Kommunikation zwischen politisch-bildnerischer Wissenschaft und Praxis an. Die Mitarbeiter:innen aus dem JoDDiD-Team setzen in diesem Podcastformat die politikdidaktische Brille auf und stellen Fragen an Expert:innen. Wir möchten einen Transfer leisten, der sowohl Wissenschaft als auch Praxis einbezieht. Das heißt, in diesem Format sollen Studien und Konzepte bzw. Theorien vorgestellt werden, aber auch spannende Praxisberichte bzw. Fallbesprechungen können zu Wort kommen.

Im JoDDiD-Podcast wird nicht nur präsentiert, sondern vor allem auch gemeinsam diskutiert und (weiter-)gedacht! Es werden Erkenntnisse, Aufträge und Fragen an das Feld der politischen Jugend- und Erwachsenenbildung in Sachsen formuliert.

Aber hört selbst.

THEMEN
Politische Bildung im Erzgebirge,
Zivilgesellschaftliches Engagement in Sachsen,
Politische Bildung in reaktionären Zeiten,
Politische Bildung im Angesicht des Krieges,
Politische Bildung im Stadion,
Das Ende der Simulation,
Der 16. Kinder- & Jugendbericht

Such doch mal hier nach unserem Podcast »Brille auf, wir müssen reden!«:
- ↗ Spotify ↗ Overcast ↗ Pocket Cast
- ↗ RSS Feed ↗ Deezer

TOP 10

Diese Liste könnt ihr in eurem Büro aufhängen
und gemeinsam mit euren Kolleg:innen auffüllen:

Welches sind die Top 10 Podcasts, Instagramkanäle und Tiktok-Accounts der Politischen Bildung?

Wo lernt ihr richtig etwas dazu?
Wo werdet ihr inspiriert?
Was animiert euch zum Nachdenken?
Oder was bringt euch so sehr zum Lachen, dass ihr es mit allen teilen wollt?

1. ....
2. ....
3. ....
4. ....
5. ....
6. ....
7. ....
8. ....
9. ....
10. ....

Unsere Podcast-Empfehlungen:
Wochendämmerung, Machiavelli – Rap und Politik, Lage der Nation, Feuer & Brot, Deutschland 3000 – 'ne gute Stunde mit ..., Halbe Kartoffl, Der Lila-Podcast, Lakonisch Elegant (DLF Kultur), Rice and Shine, Piratensender Powerplay, Hörsaal (DLF Nova)

Inspirationen Instagram:
die_millenial, ich_bin_barbara, saymyname_bpb, softie.offiziell, erklaermirmal, correctiv_org, tickr.news

Inspirationen Tiktok:
Washingtonpost, aufklo, what.politik, hinterzimmerpolitik, heeyleonie

POLITISCHE BILDUNG EIN LEBEN LANG

Markiere, was du wann über Politik wusstest und dachtest, was dich darauf gebracht hat und was du künftig noch lernen willst.

Finde Lösungen für folgende Herausforderungen:

1 Kreiere ein dekoratives Element, das du gleichzeitig als Bildungsgegenstand in einem Bildungsangebot nutzen kannst.

2 Baue eine Fernsehsendung oder ein Computerspiel zur Thematisierung einer deiner Inhalte in ein Bildungsangebot ein.

3 Versuche ein kleines Bildungsangebot zu kreieren, an dem deine Teilnehmenden zu unterschiedlichen Tages- und Nachtzeiten teilnehmen und sich trotzdem aufeinander beziehen können.

WAS ICH.. DAS NÄCHSTE MAL VERGESSEN MÖCHTE

Notiere dir hier, was du in deiner nächsten Bildungsveranstaltung unbedingt vergessen möchtest:

↪ Wenn du es nicht nur vergessen, sondern ganz aus deiner Arbeit rauswerfen willst, dann hilft dir dabei vielleicht Seite 46/47.

MACH WAS!

Fertige eine To-Do-Liste mit allem an, das deiner Meinung nach getan werden muss.

WICHTIG!!!

Klimawandel stoppen

Patriarchat stürzen

Armut bekämpfen

JoDDID — Logbuch Politische Bildung der John-Dewey-Forschungsstelle für die Didaktik der Demokratie

MERCI, DASS ES DICH GIBT

Wertschätzung ist politisch.

Wenn wir Politische Bildung als Frage danach verstehen, wie wir zusammen leben wollen, dann betrifft das auch unseren Arbeitsplatz und es stellt sich die auf den zweiten Blick hochpolitische Frage: Wie wollen wir zusammenarbeiten?

Wichtig in diesem Zusammenhang ist eine Kultur der Wertschätzung, und genau darauf zielt diese Übung ab:

Überlege dir, wer dich im vergangenen Monat beruflich wirklich toll unterstützt / dir etwas Gutes getan hat und mache dieser Person eine kleine Freude.

AUSTAUSCH

→ Sollte dir der Sinn eher nach Lob für dich stehen, dann nutze dafür doch die Übung auf Seite 96/97.

IM HAMSTERRAD

Es kann auch ganz schön frustrierend sein, Politische Bildung zu machen. Man ist nie fertig, es hört nie auf. Kaum hat man mal was geschafft, tauchen die nächsten Ignoranten vor der zentralen Unterkunft auf und denken quer.

Wie hältst du deine Motivation am Leben?
Wann steigst du aus?
Was gibt dir Kraft?

Logbuch Politische Bildung der John-Dewey-Forschungsstelle für die Didaktik der Demokratie

BRIEFE AN DIE FÖRDERMITTELGEBER:INNEN

Man beißt nicht die Hand mit dem Futter. Aber Feedback wäre eigentlich wichtig.

Wenn du Lust hast, kannst du einen Brief an eine:n Mittelgeber:in hier formulieren und an uns weiterleiten.

Wir werten die Briefe aus und leiten das Feedback daraus an die Mittelgeber:innen anonym weiter.

Kontaktadresse:
Technische Universität Dresden
Professur für Didaktik der Politischen Bildung – JoDDiD
01062 Dresden

oder

joddid@tu-dresden.de

Stichwort: »Bitte Weiterleiten!«

Sehr geehrte Damen und Herren,

GUTE VORSÄTZE

Wir sind nun am Ende dieses Logbuchs angekommen.

Das ist irgendwie traurig, aber auch schön.
Ein bisschen so, als ob ein ganzes Jahr zu Ende geht.
Das ist gleichzeitig auch immer die Zeit, in der man neue Vorsätze formuliert –
vielleicht willst du das auch machen.

Hier ist Raum für viele Vorsätze, die du für dich formulieren kannst.

Was nimmst du dir vor?
Was willst du unbedingt ausprobieren?
Was willst du in Zukunft nicht mehr machen?

Gibt es solche Vorsätze?

Schreibe sie auf einen Zettel.

Verstecke diesen dann z.B. in deiner Osterdeko oder in den Skistiefeln,
damit du ihn an einem zukünftigen Zeitpunkt wiederfindest.

FEEDBACK ZUM LOGBUCH

Das Logbuch regt mich zum Nachdenken an.

überhaupt garnicht!  auf jeden Fall!

Ich wende etwas aus dem LB in meinem (Berufs)alltag an.

Ich habe jemandem von mind. einer LB-Seite erzählt.

☆ ☆ ☆ ☆ ☆

Ich habe Spaß, wenn ich am LB arbeite.

Das hat sich in meiner Arbeit verändert:

....

Das fehlt noch im Logbuch:

....

Diese Seiten finde ich nicht so gut:

....

Außerdem:

....

....

Merci!

Falls du uns Feedback zum Logbuch geben willst, kannst du dies unter dieser Adresse tun: ↗ tud.link/oa6t

JOHN-DEWEY-FORSCHUNGSSTELLE FÜR DIE DIDAKTIK DER DEMOKRATIE

WAS MACHT DIE JODDID?

Die John-Dewey-Forschungsstelle für die Didaktik der Demokratie (kurz JoDDiD) versteht sich als Innovationszentrum im Feld Politischer Bildung und hat die Aufgabe, neue Formate, Methoden und Vermittlungskonzepte zu erforschen, fortzuentwickeln und sichtbar zu machen. Sie unterstützt damit sächsische Akteur:innen der außerschulischen Bildung bei der didaktischen Vorbereitung, Neuentwicklung und reflexiven Bewertung von Angeboten zur Politischen Bildung vor dem Hintergrund einer herausfordernden gesellschaftlichen Lage. Der Fokus der Forschungsstelle liegt in diesem Zusammenhang insbesondere auf dem Bereich der außerschulischen politischen Jugend- und Erwachsenenbildung. Perspektiven schulischer politischer Bildung sind nur dann relevant, wenn sie mit außerschulischen Bildungsträgern in Beziehung stehen. Die John-Dewey-Forschungsstelle für die Didaktik der Demokratie schließt damit im Kontext des didaktischen Austauschs der (außerschulischen) politischen Jugend- und Erwachsenenbildung die Lücke zwischen akademischer Infrastruktur und pädagogischer Bildungspraxis.

KONTAKT

→ Technische Universität Dresden
  Professur für Didaktik der politischen Bildung – JoDDiD
  01062 Dresden

→ www.joddid.de   → joddid@tu-dresden.de / Betreff: Logbuch

WIR HABEN FÜR DIESES LOGBUCH EINE LINKSAMMLUNG ANGELEGT!

Es wird dir nicht entgangen sein, dass wir im Logbuch an verschiedenen Stellen auf Links (z.B. zu Arbeitsmaterialien, Texten oder Videos) verweisen. Damit du diese Links nicht mühsam abtippen musst, haben wir sie alle für dich hier gesammelt:

↗ https://linktr.ee/logbuch